INSTITUT FÜR KOMMUNIKATION, MARKETING & SALES

Bachelorarbeit 2

I0504248

Near Field Communication im Marketing

Eine quantitative Arbeit über die Kommunikation von Produkten mit NFC-Tags und KonsumentInnen im stationären Einzelhandel.

Ing. Marcus Bobek

15F1441

BA Kommunikationswirtschaft

2018 Block

am:

26.04.2018

Betreut von:

Mag. Andreas Hess

Eidesstattliche Erklärung

Ich versichere hiermit,
- diese Arbeit selbständig verfasst, keine anderen als die angegebenen Quellen und Hilfsmittel benutzt und mich auch sonst keiner unerlaubten Hilfe bedient zu haben,
- diese Arbeit bisher weder im In- noch Ausland in irgendeiner Form als Prüfungsarbeit vorgelegt zu haben,
- die Übereinstimmung dieser Arbeit mit jener Version, die der Betreuung vorgelegt und zur Plagiatsprüfung hochgeladen wurde,

Wien, am 26.04.2018

Abstract

Diese Bachelorarbeit untersuchte die Einflüsse der Near Field Communication Technologie (NFC) auf KonsumentInnen des Einzelhandels durch NFC-Tags auf Produktverpackungen. Eine weitere Aspekt wird in dem Aufzeigen der großen Unterschiede und Vorteile der NFC-Technologie gegenüber Quick Response Codes (QR-Codes) auf Produktverpackungen behandelt. Ein NFC-Tag verwendet eine drahtlose Kurzübertragungstechnologie, die keinen Strom benötigt, die Informationen zwischen zwei Trägern übermittelt, und sehr verbreitet als Bezahlungslösung in heutigen Kredit- und Bankomatkarten ist. Zunehmend wird die NFC-Technologie in der personellen Identifikation wie in Hotelschlüsseln eingesetzt und ist in der Mehrzahl moderner Smartphones eingebaut. Der Zweck dieser Forschungsarbeit ist es, neue Anwendungsfelder der Kommunikation und der Werbung von KonsumentInnen mit Produkten und Produktverpackungen aufzuzeigen.

Eine quantitative Online-Umfrage wurde zwischen 14. Februar und 29. März 2018 durchgeführt. Dieser enthielt Kaufentscheidungsszenarien von KonsumentInnen zu Verbrauchs- und Gebrauchsgütern und die Einflüsse von NFC-Tags auf Produktverpackungen auf den Kaufprozess am Point of Sale des stationären Einzelhandels. An der Online-Umfrage haben 96 Personen teilgenommen und das Sample enthielt 53 Frauen und 43 Männer mit einem Alter zwischen 20 Jahren und 63 Jahren und einem Durchschnittsalter von 28 Jahren.

Die empirischen Ergebnisse legen dar, dass NFC-Tags auf Produkten durch ihre grafische Gestaltung mit KonsumentInnen einen höheren Interaktionsgrad aufweisen können, als vergleichbare QR-Codes. Es wird weiters dargelegt, dass es einen Zusammenhang mit der Art der Informationsbotschaft von NFC-Tags auf Gebrauchs- und Verbrauchsgütern und dem Interaktionsgrad von KonsumentInnen gibt. KonsumentInnen können durch NFC-Tags in ihrem Kaufprozess am Point of Sale des stationären Einzelhandels beeinflusst werden.

Der stationäre Einzelhandel könnte von Folgestudien über die NFC-Technologie profitieren und neue, smarte NFC-Produktverpackungen entwickeln und mit deren Einsatz unbegrenzte KundInnendaten generieren und seine Marktposition im eigenen Fernabsatz stärken. Wiederholungskäufe von KonsumentInnen könnten smart von zuhause aus erfolgen und neue Kommunikations-Touchpoints in die Customer-Journey integriert werden.

Abstract

This study addresses the question of influences of the Near-field communication technology (NFC) on consumers in retail businesses with integrated NFC tags on or in product packages. The NFC technology is a short range wireless communication form between two devices and has, e.g. widespread use with credit- and debit cards as a wireless payment solution, a common model for personal identification such as identification cards and is implemented in the vast majority of smartphones. The purpose of this research is to demonstrate new and different fields of communication with consumers which have not yet been used and to clarify major advantages to the commonly used Quick Response Code (QR code) on product packages. Therefore, this study analyses the effects on consumer behavior and the buying decision process through the interaction of product packages with integrated NFC tags on one side and on the other side consumers with their NFC smartphones.

The empirical part of this study was performed between February 14th and March 29th 2018 and focused on consumer and commodity goods and the different influences of NFC tags within the buying decision process of consumers at the point of sale. Applicable data of this research were obtained by a quantitative method, more precisely a conducted online survey of a sample of 96. The sample of this survey included 53 women and 43 men, age between 20 to 63 years.

The results revealed, that the intention of consumers high and low involved in the buying of commodity goods with an NFC tag would be significantly higher than to commodity goods with a QR code or no given interaction at all. For consumer goods with NFC tags the results illustrated, that the buying intention of highly involved consumers would rise, rather than with products with no given interaction at all. The study indicates, the interaction rate of consumers and products with NFC tags would be considerably higher than with QR codes. This relates to the different layout possibilities of an NFC tag, which include graphics and precise information about the expected interaction.

This study uncovers new ways of advertising and communication for marketers, the retail industry and the product packaging industry. The NFC technology enables new applications for mobile marketing, a better profiling of consumers by collecting data and strengthening brand positioning. Following studies should further examine the hole lifetime cycle of a product with an NFC tag and its potential at the homes of consumers and the rebuying process of products.

Inhaltsverzeichnis

Abbildungsverzeichnis

Tabellenverzeichnis

Abkürzungsverzeichnis

App	Applikation
Bzw.	Beziehungsweise
FF	Forschungsfrage
NFC	Near Field Communication
NFC-Tag	Near Field Communication Tag
NFC-Technologie	Near Field Communication Technologie
POS	Point of Sale
QR-Code	Quick Response Code
zB.	zum Beispiel

1. Einleitung

1.1 Die NFC-Technologie und Unterschiede zum QR-Code

Derzeit existieren für Produktverpackungen zur Interaktion mit KonsumentInnen, neben der NFC-Technologie und dem im stationären Einzelhandel gebräuchlichen QR-Code, noch folgende digitale Kommunikationsträger: Die I-Beacon Technologie und der Barcode EAN 13. Diese beiden Technologien haben aber entscheidende kommunikative Nachteile. Der Barcode EAN 13 ist eine 13-stellige 1-D Zahl, enthält nur wenig Informationsspeicher und kann nur geringfügige Informationen mit einem Smartphone austauschen. (vgl. vgl. *Langer/Roland* 2010, S. 28-37) Die I-Beacon Technologie kann in einer Produktverpackung nur mit einer integrierten Stromquelle genutzt werden, daher ist diese Technologie abhängig vom Energievolumen des Beacons und zugleich kostenintensiv (vgl. *ibeacon.com* 2017).

Abbildung 1: NFC-Tag

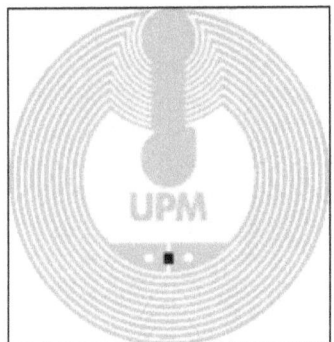

Quelle: *nfc-forum.org* 2017

Wie in Abbild 1 zu sehen, besteht ein NFC-Tag aus einer Klebefläche und einem Mikro-Chip, die in die Produktverpackung integriert oder aufgeklebt wird (vgl. *nfc-forum.org* 2017). Wie bei Bankomat- und Kreditkarten gebräuchlich, verwendet ein NFC-Tag in oder auf einer Produktverpackung dieselbe Übertragungstechnik, daher erfolgt die Kommunikation nach dem gleichen Grundprinzip (vgl. *Langer/Roland* 2010, S. 4-8). Die drahtlose Kommunikation mit einem NFC-Tag hat überdies den entscheidenden Vorteil, dass Produktverpackungen keinen Strom benötigen. Die Annäherung eines Smartphones zu einem NFC-Tag bewirkt dessen Aktivierung mittels Reststromübermittlung (vgl. *Langer/Roland* 2010, S. 6, 87-89). Die direkte Kommunikation zwischen KonsumentInnen und Produktverpackung mit integriertem NFC-Tag erfolgt durch NFC-fähige Smartphones. KonsumentInnen kommunizieren mit ihrem

Smartphone und einer Produktverpackung mit einem NFC-Tag durch simple Annäherung (bis zu 10 cm). Durch Übertragung per NFC-Funkstandard oder per mobilem Internet erfolgt dann der Kommunikationsaustausch (vgl. *Langer/Roland* 2010, S. 90-95).

Die freie Designgestaltung und Layoutierung eines NFC-Tags durch Integrierung in eine Produktverpackung, ermöglicht im Gegensatz zum QR-Code die Angabe von konkreten Informationen über die Interaktionsmöglichkeit für KonsumentInnen und der Produktverpackung. Durch eine ISO-Zertifizierung können NFC-Tags sicher verschlüsselt werden, sind mit allen NFC-fähigen Smartphones kompatibel und können vor Fremdzugriffen geschützt werden (vgl. *Langer/Roland* 2010, S. 7, 109-110). Die Anwendungsfelder sind, da KonsumentInnen und Produktverpackungen jeweils aktiv und passiv kommunizieren können, fast unbegrenzt möglich.

Der Quick Response Code

Abbildung 2: QR-Code

Quelle: *qrcode.com* 2016

Das Unternehmen *Denso Wave* stellte im Jahr 1994, wie in Abbildung 2 ersichtlich, den QR-Code der Weltöffentlichkeit vor. Das Patent wurde mittlerweile der Allgemeinheit freigegeben. Einsatzgebiete von QR-Codes sind unter anderem das Versenden von E-Mails, von Kontaktinformationen und das Aufrufen von Homepages und Apps mittels Smartphones. (vgl. *qrcode.com* 2016)

Das Kommunikationsprinzip erfolgt mittels Fotografieren eines QR-Codes, dieses Bild wird durch ein Codierungsprogramm (QR-Reader in Form einer App) gescannt, und dieses öffnet nur mittels Internetverbindung selbständig eine Website in einem Browser. (vgl. *Voss* 2011, S. 347-352)

Durch die grafische Begrenztheit eines QR-Codes auf Produkten, haben KonsumentInnen entweder keine weiteren Informationen wohin die Scannung führt, oder VerpackungsherstellerInnen und ProduzentenInnen sind gezwungen, zusätzliche Informationen auf den Produktverpackungen bereitzustellen. Der Kauf- und Informationsprozess von KonsumentInnen ist dadurch risikobehaftet und erzeugt für diese keinen entscheidenden Mehrwert im Nutzen eines QR-Codes. (vgl. *Kreutzer* 2014, S. 129-131)

Tabelle 1: Hauptunterschiede der zwei Kommunikationsträger von Produkten am Point of Sale

NFC-Tag (vgl. *Langer* 2010, S. 79-137)	**QR-Codes** (vgl. *qrcode.com* 2016)
• Digitales Medium, Mikrochip • Informationen bis zu 1MB auf NFC-Tag lokal speicherbar • Grafisch komplett frei gestaltbar, da in Produktverpackung integriert, oder mittels Aufkleber frei gestaltbar • Kommunikation auf kurzer Distanz • Keine Fehlerquote in Kommunikation • Funktioniert ohne, oder mit mobilen Daten, WLAN, Bluetooth, NFC • Sämtliche Mobiltelefon-Apps, oder Browser sind über NFC-Tag startbar • NFC-Tag startet Befehl und Ausführung durch Berührung des Smartphone	• 2D- Printmedium • Informationen bis zu 3 Kb lokal speicherbar • Grafisch nicht individuell gestaltbar, da schachbrettartiges Muster die Informationen enthält. • Kommunikation auf weiter und kurzer Distanz möglich • Bis zu 30% Fehlerquote in Erkennung möglich • Funktioniert mit mobilen Daten oder über WLAN, begrenzt über Bluetooth • Nur über Browser und Internetverbindung sind Anwendungen möglich • QR-Code muss mittels zusätzlichem QR-Reader gescannt und verarbeitet werden

Quelle: Eigene Darstellung

1.2. Relevanz der NFC-Technologie und die bisherige wissenschaftliche Bearbeitung

Die Relevanz der NFC-Technologie für den stationären Einzelhandel in Österreich

Der Internet-Einzelhandel in Österreich wuchs im Jahr 2016 auf € 3,4 Milliarden (+4%). Der stationäre Einzelhandel konnte dagegen nur um 0,9% auf € 68,2 Milliarden zulegen. Der Internet-Einzelhandel wächst seit Jahren überproportional und der fortdauernde Strukturwandel zu geringeren Verkaufsflächen und Anzahl an Geschäften bremst sich erst seit 2014 ein. (vgl. *Buchmüller et al.* 2017, S. 9, 13, 15)

Der stationäre Einzelhandel, im Speziellen das Marketing für Produkte, ist ein besonders betroffene Branche bei verändertem KonsumentInnenverhalten und neuen Trends. Stete Anpassungen an neue Entwicklungen und Trends erfordern die Bereiche: Branding, Positionierung, Werbung und Kommunikation mit KonsumentInnen (vgl. *Lux* 2012, S. 275). Durch die Ausgabe neuer EC-Bankomatkarten und Kreditkarten mit NFC-Technologie (vgl. *wko.at* 2016, S. 19), findet das kontaktlose Bezahlen von KonsumentInnen am Point of Sale zunehmende Verbreitung. Im österreichischen stationären Einzelhandel haben über 90% der Point of Payment Kassen ein integriertes NFC-Lesegerät (vgl. *wko.at* 2016 S.17).

Im Jahr 2016 benutzten laut einer Studie 57% der KonsumentInnen Österreichs ihr Smartphone während des Einkaufs im stationären Handel. 26% ermittelten während des Einkaufes Preise, 22% informierten sich über Angebote und 20% recherchierten Produktinformationen (vgl. *mmaaustria.at* 2016, S. 5-8). Eine Umfrage aus dem Jahr 2015 zur digitalen Nutzung ergab, dass 35% der Befragten das Bezahlen mittels NFC Technologie kennen und 48%, die diese Bezahlform nicht kennen, sich vorstellen können diese zukünftig zu nutzen (vgl. *Jann* 2015, S. 17-19).

Die NFC-Technologie als Kommunikationsträger auf Produktverpackungen ist ein Bindeglied in der Verbindung der Offline-Welt zur Digital-Welt und kann KonsumentInnen des stationären Einzelhandels einen Mehrwert im Kaufentscheidungsprozess bringen. Auf der Seite des stationären Einzelhandels können durch eine Interaktion von KonsumentInnen mit NFC-Tags auf Produktverpackungen, genaue KundInnendaten generiert und ein gezieltes Kunden-Profiling betrieben werden.

Die Relevanz der NFC-Technologie in der Forschung

Die universitäre Forschung, insbesondere die FH Hagenberg, publiziert regelmäßig viele Studien zur NFC-Technologie als Identifikations- und Bezahlmedium, aber nicht als Kommunikationsmedium (vgl. *fh-ooe.at* 2017). Bedingt ist diese Forschungsfeldbegrenzung durch den jetzigen primären Einsatz der NFC-Technologie am Point of Payment im stationären Einzelhandel als digitale Bezahlform (vgl. *Kühberger* 2017; vgl. *wko.at* 2017; vgl. *Bauer et al. 2008*) und der Verwendung zur Identifikation von Personen (vgl. *Langer/Roland* 2010). Die publizierten Studienergebnisse durch private Auftraggeber fokussieren ebenfalls auf die NFC-Technologie als Bezahl- und Identifikationsmedium (vgl. *wko.at* 2016; *Langer/Roland* 2010). Zwei Unternehmen in Österreich, die ÖBB AG mit digitalen Auskunftsstationen (vgl. *oebb.at* 2016) und die Asfinag GmbH mit digitalen Feedbacktafeln (vgl. *asfinag.at* 2016), verwenden derzeit NFC-Tags als Kommunikationsmedium. Etwaige Studien über ihre Erkenntnisse im Einsatz von NFC-Tags wurden leider noch nicht publiziert. An der Entwicklung von Verbrauchsprodukten mit integrierten NFC-Tags forscht derzeit das Institut Seibersdorf-Laboratories in Österreich (vgl. *seibersdorf-laboratories.at* 2018).

Bedingt durch den erst kürzlich eingesetzten Verbreitungsgrad der NFC-Technologie als Identifikations- und Bezahlmedium (vgl. *wko.at* 2016), konnte die Grundlagenforschung noch nicht etwaige Theorien zur Durchsetzungskraft der NFC-Technologie und den Einflussmodellen auf das KonsumentInnenverhalten und den Kaufentscheidungsprozess anwenden. Im Rahmen der theoretischen Bachelorarbeit 1 wurden folgenden Theoriemodelle diskutiert, die auf diese empirische Arbeit über die NFC-Technologie als Kommunikationsmedium auf Produktverpackungen am Point of Sale des stationären Handels angewendet werden können.

Die NFC-Technologie und geeignete Theoriemodelle

Die zur Beantwortung der empirischen Forschungsfragen verwendeten Theoriemodelle sind das Drei-Phasen-Modell des Kaufprozesses nach *Foscht et al.* (vgl. 2015, S. 183-265), das Typologie-Modell der Kaufentscheidungen nach abnehmender kognitiver Kontrolle (vgl. *Foscht et al.* 2015, S. 167-181) wurden im Bereich des Mobile Marketing und den Einflüssen und die Zwei-Prozess-Logik des ELM nach *Klimmt* (vgl. 2011, S. 15-20). Die hier erwähnten Modelle nach *Foscht et. al.* wurden von verschiedenen Autoren auf die QR-Technologie und das Mobile Marketing angewandt (vgl. *Bauer* 2008), daher ist es zielführend, diese Modelle als im Theorierahmen dieser empirischen Arbeit einzubetten.

Das auf den QR-Code umgelegte Modell der Implikationen für den QR-Code-Einsatz bei funktionalen Produkten nach *Neumann et al.* (vgl. 2014 S. 62-72) wird ebenfalls behandelt, da es auf den Theoriemodellen des Drei-Phasen-Modell des Kaufprozesses und das Typologie-Modell der Kaufentscheidungen nach abnehmender kognitiver Kontrolle nach *Foscht et al.* (vgl. 2015, S. S. 167-181, 183-265) angewandt wurde. Die Einflüsse der NFC-Technologie als Kommunikationsmedium auf KonsumentInnen und seine Unterschiede zu QR-Codes behandelt diese empirische Arbeit und will die Grundlage zur Adaptierung des Modells der Implikationen bei funktionalen Produkten von QR-Codes, auf die NFC-Technologie leisten.

Theoriemodelle dieser empirischen Arbeit

Wie in Abbildung 3 nach *Foscht et al.* zu sehen ist, können KonsumentInnen-Entscheidungen als fortwährender Prozess gesehen werden. Dieser Prozess unterteilt sich in drei Phasen und alle Phasen unterliegen dabei der ständigen Evaluation von Entscheidungen. Jeder dieser

Abbildung 3: Die drei Phasen des Kaufprozesses

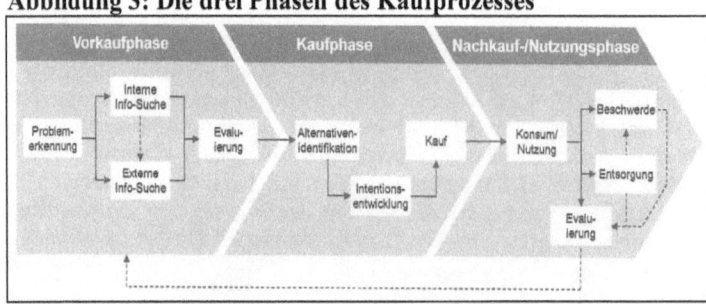

Quelle: *Foscht et. al.* 2015, S. 184

Phasen baut auf der nächsten auf und dieser Prozess wiederholt sich nach einer Kaufentscheidung (vgl. 2015, S. 183-187).

Da die empirischen Forschungsfragen den Kaufprozess von KonsumentInnen am Point of Sale des stationären Einzelhandels und die Einflüsse von NFC-Tags auf Produktverpackungen überprüft, ist es naheliegend, dieses Modell zu verwenden. Das Modell zeigt die einzelnen Faktoren, die zu einer Kaufentscheidung führen und auch im Rahmen der quantitativen Forschungsarbeit mit dem Online-Fragebogen überprüft werden. Vorrangig überprüft der Online-Fragebogen den Einfluss auf den Kaufprozess durch NFC-Tags auf Produktverpackungen und den bereitgestellten und genutzten Informationen von KonsumentInnen. Das nächste Modell auf Abbildung 4 dargestellt, gibt Aufschluss inwiefern diese Informationen im Rahmen des Involvements für KonsumentInnen einen Mehrwert an Nutzen darstellen kann und den Kaufprozess beeinflusst.

Abbildung 4: Zusammenhang zwischen Kaufverhalten und Involvement

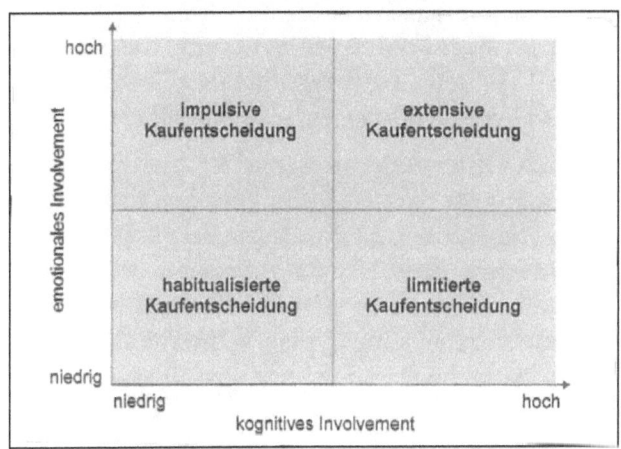

Quelle: *Foscht et al.* 2015, S. 168

Die Abbildung 4 zeigt den Zusammenhang zwischen dem Grad des Involvements und der Kaufentscheidung. Das Involvement, die innere Auseinandersetzung zu einer Kaufentscheidung, ist dabei abhängig von situativen, reizspezifischen und individuellen Faktoren (vgl. *Meffert et al.* 2015, S. 108 f.). Situative Faktoren sind z.B. die Tageszeit der Kaufentscheidung, oder der in dieser empirischen Arbeit abgefragte Ort der Kaufentscheidung, der Point of Sale. Die reizspezifischen Faktoren beinhalten unter anderem die Kommunikation oder Werbung für ein Produkt (vgl. *Klimmt* S. 19, 42, 58 ff.). In dieser empirischen Arbeit ist das Design von NFC-Tags auf Produktverpackungen, daher die enthaltenen analogen und digitalen Informationen eines NFC-Tags auf Produktverpackungen und die Kommunikation mit KonsumentInnen von großer Bedeutung. Auf individuelle Reize, zB. die körperliche oder geistige Verfassung von KonsumentInnen, hat die empirische Arbeit keinen Einfluss. Das Involvement kann emotional oder kognitiv ausgeprägt sein. Das Modell über den Zusammenhang zwischen Kaufverhalten und Involvement schreibt den verschiedenen Kaufentscheidungen ein bestimmtes Involvement zu. Das kognitive Involvement ist umso höher, je mehr sich KonsumentInnen mit dem Kaufprozess und jeder dieser drei Phasen auseinandersetzen müssen. Das emotionale Involvement gibt Auskunft über die emotionale Verbundenheit zu einem Produkt oder einer Marke wieder (vgl. *Meffert et al.* 2015, S. 108 f.). Typischerweise umfassen limitierte und extensive Kaufentscheidungen Gebrauchsgüter, die nicht alltäglich gekauft werden. Impulsive und habitualisierte Güter sind typischerweise Konsumgüter und die Kaufentscheidung erfordert nur eine geringe gedankliche Auseinandersetzung. Im Rahmen dieser Arbeit werden Verbrauchsgüter und ein Gebrauchsgut abgefragt, um Rückschlüsse auf die Informationen eines NFC-Tags auf Produktverpackungen und den Einfluss auf den Kaufprozess und die Interaktionsbereitschaft mit NFC-Tags zu eruieren.

Abbildung 5: Die Zwei-Prozess-Logik des ELM

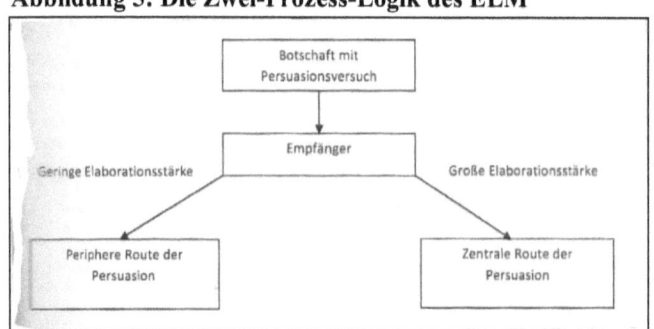

Quelle: *Klimmt* 2015, S. 19

Abbildung 5 zeigt die möglichen Einflüsse von Informationsbotschaften auf KonsumentInnen durch einen NFC-Tag auf einer Produktverpackung und seinen analogen und digitalen Informationen. Die Zwei-Prozess-Logik des ELM Modells nach *Klimmt* sagt aus, dass mit einer Informationsbotschaft eine Persuasion, ein Überzeugungsversuch gestartet wird. Die Wirkung eines Persuasionsversuches ist dabei stark abhängig vom Empfänger, oder KonsumentInnen. KonsumentInnen bewerten diese Überzeugungsversuche zB. aufgrund ihrer Erfahrungen, Einstellungen, Bewertungen und ihres situativen Grades des Involvements. Genauso unterliegt die Wahl der Route des Persuasionsversuches externen Faktoren wie eben der Informationsbotschaft, oder äußerlichen Einflüssen. Bei einem hohen Involvement während eines Persuasionsversuches haben äußerliche Reize eine eher geringe Bedeutung.

Informationen die während eines Überzeugungsversuches auf KonsumentInnen, die ein hohes Involvement besitzen, erfolgreich wirken, haben eine langfristige und stabile Wirkung der Persuasion und nehmen die zentrale Route (vgl. Klimmt S. 19, 42, 58 ff.). Bei einem geringen Involvement löst der Persuasionsversuch die periphere Route aus, äußerliche Reize spielen eine größere Rolle und die Persuasion ist nicht langfristig. Die empirische Arbeit untersucht die Auswirkungen von Persuasionsversuchen mit Informationsbotschaften von NFC-Tags auf Produktverpackungen. Untersuchungsgegenstand sind die Einflüsse auf KonsumentInnen in zB. die Einstellung von ihnen zu einer Marke, die Dauer des Kaufprozesses und das Informations- und Suchverhalten.

Das folgende Implikations-Modell für den QR-Code bei funktionalen Produkten nach *Neumann et. al.* (vgl. 2014, S. 62-72), wie in Abbildung 6 dargestellt, stellt eine kausale Verbindung des situativen Involvements und des Produktrisikos bei funktionalen Produkten fest.

Abbildung 6: Implikationen für den QR-Code-Einsatz bei funktionalen Produkten

	Situativ hoch involviert (Searcher)	Situativ niedrig involviert (Browser)
Hohes Produktrisiko	Informationaler QR-Code-Inhalt	Informationaler oder emotionaler QR-Code-Inhalt
Niedriges Produktrisiko	Informationaler QR-Code-Inhalt	Fokus auf Gestaltung der Printanzeige

Quelle: *Neumann et al.* 2014, S. 62

Die quantitative Arbeit untersucht, unter anderem, die Einflüsse im Kaufprozess von KonsumentInnen bei funktionalen Produkten. Als funktionale Produkte wird als Gebrauchsgut mit hohem Produktrisiko, eine Waschmaschine und als Verbrauchsgut, mit niedrigem Produktrisiko, eine Sonnencreme untersucht. Diese empirische Arbeit will Kenntnisse zur Adaptierung dieses Modells auf die NFC-Technologie bilden.

1.3. Zielsetzung

Diese quantitative Arbeit untersucht den konkreten Nutzenmehrwert von KonsumentInnen durch den Einsatz von NFC-Tags auf Produktverpackungen. Sie befasst sich mit den Einflüssen der NFC-Technologie auf den Kaufprozess von KonsumentInnen. Es wird untersucht, ob das Informations- und Suchverhalten von KonsumentInnen während ihres Kaufprozesses am Point of Sale des stationären Einzelhandels durch NFC-Tags und den darin enthaltenen Informationen beeinflusst wird. Ein weiterer Untersuchungsgegenstand dieser Arbeit, sind die unterschiedlichen Wirkungsweisen auf KonsumentInnen durch den Einsatz von NFC-Tags und QR-Codes auf Produktverpackungen im stationären Einzelhandel. Es wird untersucht, ob zwischen der Bereitschaft der Interaktion von KonsumentInnen mit den beiden digitalen Kommunikationsträgern auf Produktverpackungen und den darin enthaltenen Informationen ein Zusammenhang besteht.

Diese empirische Arbeit soll Kenntnisse für die weitergehende Forschung zur NFC-Technologie als digitales Kommunikationsmedium liefern und Rückschlüsse und Erweiterungen von theoretischen Modellen zum Kaufprozess von KonsumentInnen und der NFC-Technologie erlauben. Die quantitativen Ergebnisse der Online-Umfrage und die Beantwortung der Hypothesen, sollen neue Denkanstöße zu praktischen Einsatzfeldern, auch abseits des Points of Sale und der NFC-Technologie als digitales Kommunikationsmedium bei Gebrauchs- und Verbrauchsgütern anregen.

1.4. Hypothesen und empirische Forschungsfragen

Forschungsfrage 1: Hat die transparente Darstellung von Informationen und das Design eines digitalen Kommunikationsträgers auf Produktverpackungen, einen Einfluss auf die Interaktionsbereitschaft von KonsumentInnen am Point of Sale des stationären Einzelhandels mit den unterschiedlichen digitalen Kommunikationsträgern auf der Produktverpackung?

Nullhypothese H_0 1.1: Es gibt keinen Zusammenhang zwischen der intransparenten Darstellung der Informationen eines QR-Codes auf einer Produktverpackung eines Verbrauchsgutes und der Interaktionsbereitschaft von KonsumentInnen mit der Produktverpackung am Point of Sale des stationären Einzelhandels.

Alternativhypothese H_A 1.1: Es gibt einen Zusammenhang zwischen der intransparenten Darstellung der Informationen eines QR-Codes auf einer Produktverpackung eines Verbrauchsgutes und der Interaktionsbereitschaft von KonsumentInnen mit der Produktverpackung am Point of Sale des stationären Einzelhandels.

Nullhypothese H_0 1.2: Es gibt keinen Zusammenhang zwischen der transparenten Darstellung der Informationen eines NFC-Tags auf einer Produktverpackung eines Verbrauchsgutes und der Interaktionsbereitschaft von KonsumentInnen mit der Produktverpackung am Point of Sale des stationären Einzelhandels.

Alternativhypothese H_A 1.2: Es gibt einen Zusammenhang zwischen der transparenten Darstellung der Informationen eines NFC-Tags auf einer Produktverpackung eines Verbrauchsgutes und der Interaktionsbereitschaft von KonsumentInnen mit der Produktverpackung am Point of Sale des stationären Einzelhandels.

Forschungsfrage 2: Erzeugt der Mehrwert an enthaltenen Informationen eines NFC-Tags auf Produktverpackungen, einen höheren Einfluss auf den Kaufprozess von KonsumentInnen am Point of Sale des stationären Einzelhandels?

Nullhypothese H_0 2.1: Es gibt keinen Zusammenhang zwischen dem Nutzenwert der erhaltenen Informationen eines NFC-Tags auf Produktverpackungen eines Verbrauchsgutes und dem Einfluss auf den Kaufprozess von KonsumentInnen am Point of Sale des stationären Einzelhandels.

Alternativhypothese H_A 2.1: Es gibt einen Zusammenhang zwischen dem Nutzenwert der erhaltenen Informationen eines NFC-Tags auf Produktverpackungen eines Verbrauchsgutes und seinem Einfluss auf den Kaufprozess von KonsumentInnen am Point of Sale des stationären Einzelhandels.

Nullhypothese H_0 2.2: Es gibt keinen Zusammenhang zwischen dem Nutzenwert der erhaltenen Informationen eines NFC-Tags auf Produktverpackungen eines Gebrauchsgutes und dem Einfluss auf den Kaufprozess von KonsumentInnen am Point of Sale des stationären Einzelhandels.

Alternativhypothese H_A 2.2: Es gibt einen Zusammenhang zwischen dem Nutzenwert der erhaltenen Informationen eines NFC-Tags auf Produktverpackungen eines Gebrauchsgutes und seinem Einfluss auf den Kaufprozess von KonsumentInnen am Point of Sale des stationären Einzelhandels.

1.5. Aufbau

Diese empirische Arbeit ist in vier Kapitel untergliedert. Der Einleitung, dem empirischen Design, den empirischen Ergebnissen und der Conclusio.

Das erste Kapitel behandelt einen erklärenden Teil zur NFC-Technologie und QR-Codes als Kommunikationsmedien im Einsatz bei Produktverpackungen am Point of Sale und erläutert die Problemstellung und Relevanz der NFC-Technologie in der Forschung, dem stationären Einzelhandel und bei KonsumentInnen. Abschließend gibt dieses Kapitel Auskunft über die konkreten empirischen Forschungsfragen.

Das zweite Kapitel beschreibt das empirische Design. Es gibt konkrete Auskunft über die Wahl der Methodologie, die Feldauswahl und des Samplings. Des Weiteren wird die Erhebungs- und Auswertungsmethode dargelegt und welche Maßnahmen zur Qualitätssicherung getroffen wurden.

Das dritte Kapitel beantwortet die empirischen Forschungsfragen und gestellten Hypothesen. Eingeleitet wird das Kapitel mit Angaben zur Stichprobe, es folgt die Beantwortung der Forschungsfragen, die in zwei Teilbereiche unterteilt. Die Reihenfolge folgt der ansteigenden Beantwortung der Forschungsfragen.

Das vierte Kapitel beginnt mit der komprimierten Beantwortung der empirischen Forschungsfragen und widmet sich der kritischen Reflexion und Analyse der Forschungsergebnisse und gibt zuletzt Auskunft über weitere Forschungs- und Anwendungsfelder mit der NFC-Technologie.

2. Empirisches Design

2.1. Methodologie

Die quantitative Forschung bietet statistisch auswertbare Daten über Einflüsse auf den Kaufentscheidungsprozess am Point of Sale und Produktverpacken mit NFC-Technologie. Es können aufgrund der gewonnenen quantitativen Daten Rückschlüsse auf potenzielle Anwendungsfelder dieser Technologie eruiert werden und gewonnene Erkenntnisse auf bestehende Theoriemodelle zu QR-Codes angewendet und verglichen werden. Die gewählte Methodik erlaubt einen direkten Vergleich der Einflüsse von Produktverpackungen mit der NFC-Technologie und QR-Code Technologie mittels statistischer Daten.

2.2. Feldauswahl und Sampling

Das geeignete Erhebungsinstrument, um statistisch verwertbare Daten erheben zu können, ist ein standardisierter Online-Fragebogen. Mit diesem können valide, objektive und reliable Ergebnisse gewonnen werden. Da diese empirische Arbeit die Einflüsse zwischen einem Smartphone und einem Produkt unter Einsatz eines integrierten NFC-Tags untersucht und die NFC-Technologie als digitaler Kommunikationsträger ausschließlich digital erfolgt, wäre eine andere Wahl ein Medienbruch. Der Untersuchungsgegenstand über die Beeinflussungen von KonsumentInnen im Kaufprozess, kann mittels Online-Fragebogen plausibel simuliert werden. Auch der weitere Untersuchungsgegenstand zu den unterschiedlichen Wirkungsweisen zwischen NFC-Tags und QR-Codes ist durch einen Online-Fragebogen zu erheben. Der Online-Fragebogen wurde aufgrund der vielfältigen Optionen mit der Online-Software des Anbieters www.umfrageonline.com erstellt. Zur Verbreitung des Online-Fragebogens und einer möglichst hohen Anzahl an StichprobenteilnehmerInnen, wurde dieser auf drei Social-Media-Plattformen gestellt und konnte von TeilnehmerInnen per Hyperlink weitergeleitet werden. Die digitalen Plattformen waren eine WhatsApp Gruppe unter den Studierenden der FHWien, Abteilung Kommunikation und Marketing & Sales, die Facebookgruppe "Umfragen für Studienarbeiten" an der Facebookmitglieder teilnehmen können und die frei zugängliche Umfrageplattform empirio.de. Der Befragungszeitraum war zwischen dem 14. Februar und dem 29. März 2018.

Da eine Vollerhebung der Grundgesamtheit in dieser empirischen Forschung nicht möglich ist, erfolgt eine bewusste, willkürliche Auswahl der StichprobenteilnehmerInnen. Durch die bewusste Wahl eines Online-Fragebogens wurde gleichzeitig sichergestellt, automatisch die relevante Zielgruppe der digitalen KonsumentInnen zu erreichen. Die weiteren Auswahlkriterien waren: Sie müssen vollwertige KonsumentInnen mit einem Mindestalter von 16 Jahren sein, die auch teurere Gebrauchsgüter kaufen dürfen, und sie müssen über einen Internetzugang verfügen. Sonstige soziodemographische Merkmale waren keine Auswahlkriterien. Ein ergebender „Selection-Bias", daher die Nichtauswahl von Stichprobenteilnehmer zB. ohne Internetzugang, kann durch die Wahl des Stichprobenumfangs und der Irrtumswahrscheinlichkeit nicht aufgehoben, aber ausgeglichen werden.

2.3. Erhebungsmethode

Da der empirische Untersuchungsgegenstand der NFC-Technologie und das Einsatzgebiet dieser Technologie auf Produktverpackungen von Gebrauchs- und Verbrauchsprodukten mit hohem Verbreitungsgrad noch nicht existiert, war die Gefahr groß, dass Teilnehmer überfordert mit der Materie sein könnten und den Online-Fragebogen nicht verstehen, oder nicht komplett ausfüllen. Darum wurden nur 11 Fragen gestellt und eine abschließende offene Frage, ob die/der Fragebogenteilnehmer/In an einem Gewinnspiel teilnehmen will. 7 Fragen enthalten als Antwortmöglichkeiten Nominalskalen und 4 Fragen enthalten eine sechsstufige Ordinal-Skale, bzw. Likert-Skala, in der die TeilnehmerInnen 6 Items und ihrer Aussage bewerten. Sämtliche Fragen sind Pflichtfragen, um ein möglichst genaues und durchgängiges Antwortverhalten zu generieren.

Die einleitenden ersten Fragen enthalten Nominalskalen und geben Aufschluss über die soziodemografischen Merkmale der Stichprobenteilnehmer und ihr Medienverhalten. Fragen 1 (Geschlecht), Frage 2 (Alter), Frage 3 (Suchverhalten mit Smartphone), Frage 4 (QR-Code schon aktiv gescannt), Frage 5 (wenn Frage 4 "Ja" -Warum), Frage 6 (mit NFC bezahlt) und Frage 7 (Verstehen Sie die NFC-Technologie die hinter dem kontaktlosen Bezahlen steht J/N).

Da die NFC-Technologie als Kommunikationsträger nicht nur in der Sampling-Auswahlgruppe, sondern noch dazu in der Grundgesamtheit relativ unbekannt ist, wird bei Frage 7 "Kennen und verstehen Sie NFC-Tags und die NFC-Technologie, die hinter dem kontaktlosen Bezahlen steht?", ein kurzer Erklärungstext eingeblendet. Falls die Antwort Ja ist, gelangen sie direkt zu Frage 8. Falls der/die Befragte mit Nein antwortet, werden diesen ein weiterer Informationstext mit zwei zusätzlichen Grafiken wie in der Abbildung 7 und auf der nächsten Seite Abbildung 8 ersichtlich, angezeigt. Im Rahmen des Pre-Tests des Online-Fragebogen, war die Erweiterung um Frage 7 eine Lösung um die Samplegröße zu erhöhen.

Abbildung 7: NFC-Produkt und Smartphone

Quelle: *seibersdorf-laboratories.at* 2018

Abbildung 8: Sichtbarer NFC-Tag

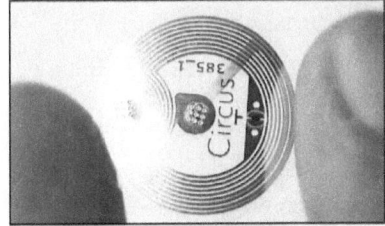

Quelle: *mibqyyo.com* 2018

Die weiteren Fragen 8,9,10 und 11 mit jeweils mit sechs Items, untersuchten den Kaufprozess von KonsumentInnen zu Verbrauchs- und Gebrauchsgütern am Point of Sale des stationären Einzelhandels und der Bereitschaft zur Interaktion mit NFC-Tags und QR-Codes ab. Zur höheren Aussagekraft und niedrigeren Abbruchquote werden bei diesen Fragen Ordinal- bzw. Likert-Skalen verwendet. Die Fragen 8,9,10 und 11 versetzen die Befragten in ein konkretes Szenario und bitten diese um Bewertung zu den jeweiligen Item-Aussagen. Die Befragten bewerten alle Item-Aussagen immer mit einer Auswahl innerhalb der vorgegeben Rangordnung von "Ich stimme nicht zu" (1), bis "Ich stimme voll zu" (6).

2.4. Operationalisierung zur Beantwortung der Forschungsfragen

Forschungsfrage 1: Hat die transparente Darstellung von Informationen und das Design eines digitalen Kommunikationsträgers auf Produktverpackungen, einen Einfluss auf die Interaktionsbereitschaft von KonsumentInnen am Point of Sale des stationären Einzelhandels mit den unterschiedlichen digitalen Kommunikationsträgern auf der Produktverpackung?

Operationalisierung der Hypothesen H_{0A} 1.1 und H_{0A} 1.2

Zur Abfrage eines Verbrauchsgutes wurde ein herkömmlich im Handel erhältliches Nutella-Produkt mit enthaltenem QR-Code gewählt. Als zweiter digitaler Kommunikationsträger zur Ermittlung der quantitativen Forschungsergebnisse, wurde ein NFC-Tag entworfen und mit dem QR-Code getrennt abgefragt. Die Größe der beiden digitalen Kommunikationsträger auf der Produktverpackung ist dabei ident, dadurch ist ein direkter und realistischer Vergleich gegeben. Die enthaltenen Informationen sind ebenfalls identisch, nur die Bereitstellung der Information wird verändert.

Die Items der Fragen 8 sind auf den QR-Code bezogen und die Items der Frage 9 sind auf den NFC-Code bezogen und enthalten Aussagen der Befragten zu: (Im Folgenden steht das Wort Kommunikationsträger sinngemäß für beide Begriffe QR-Code und NFC-Tag in den Item-Fragen) "Ich weiß welche Informationen mich nach der Interaktion erwarten", "Der Kommunikationsträger ist für mich selbsterklärend" und "Der Kommunikationsträger enthält für mich nützliche Informationen". Die Durchschnittswerte dieser Items werden anschließend mit dem Item " Ich würde diesen Kommunikationsträger berühren" korreliert.

Die StichprobenteilnehmerInnen werden vor Abfrage der Items von Frage 8, zuerst folgender Prämisse ausgesetzt: " Sie sehen hier ein im Handel erhältliches Nutella-Produkt. Bitte sehen Sie sich die Produktangaben und den aufgedruckten QR-Code an." Darauf folgend sehen die Befragten zuerst die Vorderseite des Nutella-Produktes, Abbildung 9 Seite 17, und anschließend die Rückseite mit dem QR-Code (Abbildungen Seite 17). Anschließend erfolgen die Item-Abfragen. Frage 9 setzte die Befragten derselben Prämisse des im Handel erhältlichen Nutella-Produktes aus. Den TeilnehmerInnen wird wie in Frage 8, zuerst dieselbe Vorderseite

Abbildung 9: Vorderseite Nutella-Produkt

Quelle: Eigene Darstellung

des Nutella-Produktes gezeigt und darauf folgend, die Rückseite mit einem integrierten NFC-Tag in der Produktverpackung, wie in Abbildung 11 auf Seite 18 wiedergegeben, dargestellt. Die Item-Abfrage erfolgt ebenfalls direkt im Anschluss. Die gewählten Items zur Beantwortung der Forschungsfrage berücksichtigen dabei die benötigten Faktoren zur Entschlüsselung einer Informationsbotschaft und einer potenziellen Interaktion von RezipientInnen mit einem digitalen Kommunikationsträger. Die erfolgreiche Entschlüsselung einer Informationsbotschaft kann entweder nur durch den digitalen Kommunikationsträger an sich erfolgen, oder durch zusätzliche Eigenschaften des Kommunikationsträgers wie audio-, visuelle-, audiovisuelle oder textliche Informationselemente. Daher ist für einen digitalen Kommunikationsträger und der

Abbildung 10: Rückseite Nutella-Produkt mit QR-Code

Quelle: Eigene Darstellung

Bereitschaft von KonsumentInnen zur Interaktion mit diesen wichtig, dass die Informationsbotschaft verstanden wird und oder bei diesen einen Zusatznutzen generiert.

Abbildung 11: Rückseite Nutella-Produkt mit NFC-Tag

Quelle: Eigene Darstellung

Forschungsfrage 2: Erzeugt der Mehrwert an enthaltenen Informationen eines NFC-Tags auf Produktverpackungen, einen höheren Einfluss auf den Kaufprozess von KonsumentInnen am Point of Sale des stationären Einzelhandels?

Operationalisierung der Hypothesen H_{0A} 2.1 zu Verbrauchsgütern der FF2

Zur Beantwortung der Hypothesen werden Items aus der Frage 10 über ein Verbrauchsgut herangezogen. Als Verbrauchsgut wurde eine Sonnencreme der Eigenmarke SunKiss gewählt. Die vorgegebenen Prämissen zur Beantwortung der Frage 10 lauten: "Bitte stellen Sie sich jetzt vor: Sie sind in einem Supermarkt, wollen unbedingt eine Sonnencreme kaufen und Sie bevorzugen keine Marke. Auf Ihrem Weg durch das Geschäft sehen Sie auch diese Sonnencreme." Damit ist sichergestellt, dass die Befragten sich in einem Kaufentscheidungsprozess am Point of Sale befinden und eine Problemlösung und Involvement für eine Kaufentscheidung gegeben ist. Der Hinweistext der Nichtbevorzugung einer Marke betont den offenen Kaufentscheidungsprozess der Befragten und ermöglicht die Untersuchung der möglichen Einflüsse eines NFC-Tags auf die Problemlösung, Informationssuche, Evaluierung und Alternatividentifikation im Rahmen ihrer Kaufentscheidung einer Sonnencreme.

Nach den vorgegeben Prämissen sehen die Befragten eine Grafik, wie in Abbildung 12 dargestellt, die Vorderseite und Rückseite der Sonnencreme mit einem integrierten NFC-Tag in einem Verkaufsregal zeigt. Abbildung 13, zeigt den Befragten nochmals die Rückseite, die vergrößerte Rückseite der SunKiss-Sonnencreme mit einem NFC-Tag. Hier wird diese wegen der besseren Darstellung zusätzlich mit eine Leiste der NFC-Tag Elemente und rechts daneben den EAN-Code wiedergegeben. Bevor die Items abgefragt werden, bekommen die Befragten

Abbildung 12: Vorder- und Rückseite SunKiss-Sonnencreme mit NFC-Tag

Quelle: Eigene Darstellung

Abbildung 13: Rückseite SunKiss-Sonnencreme mit NFC-Tag und Erklärung

Quelle: Eigene Darstellung

hier nochmals die Informationen des NFC-Tags in reiner Textform. Diese sind die Informationen, dass die SunKiss Sonnencreme Vergleichssieger der aktuellen Konsumentenstudie des VKI (Verein für Konsumenteninformation) ist und die Studie sofort für den Befragten downloadbar ist. Für die Beantwortung der Hypothesen 2.1 zu Verbrauchsgütern, wird ein gemeinsamer Mittelwert zu den folgenden Items gebildet: "Meine Kaufentscheidung ist jetzt einfacher", "Ich habe mehr Vertrauen in die Marke SunKiss" und "Ich kaufe die SunKiss-Sonnencreme". Der gebildete Mittelwert wird anschließend mit dem Item " Die neuen Informationen sind für mich nützlich" korreliert.

Operationalisierung der Hypothesen H_{0A} 2.2 zu Gebrauchsgütern der FF2

Zur Beantwortung der Hypothesen zu Gebrauchsgütern werden Items aus der Frage 11 über Gebrauchsgüter herangezogen. Als Gebrauchsgut fungiert in der Befragung eine Miele-Waschmaschine. Die StichprobenteilnehmerInnen unterliegen auch hier zu Beginn der Frage 11 folgenden Prämissen.

Die Prämissen lauten: " Bitte stellen Sie sich jetzt vor: Sie sind in einem Elektronikmarkt und sind am Anfang Ihrer Suche um demnächst eine Miele Waschmaschine zu kaufen. Leider gibt es keine persönliche Beratung. Alle Miele-Modelle haben derzeit ähnliche Produktangaben wie auf diesen Bildern. Mehr Informationen sind im Geschäft nicht erhältlich." Unmittelbar nach diesen Prämissen sehen die Befragten die Abbildungen 14 und 15. (Abbildung 15 auf Seite 21)

Abbildung 14: Elektronikmarkt und Miele-Waschmaschine mit NFC-Tag

Quelle: Eigene Darstellung

Nach den zwei Abbildungen bekommen die Befragten den Inhalt des NFC-Tags, nochmals mittels kurzem Text angezeigt. Dieser lautet: Auf ihrer Homepage stellt die Firma Miele in einem 1-Minuten-Video das Modell vor, erklärt die Begriffe der verwendeten Produktangaben und zeigt den Vorteil des Miele-Modells. Jetzt erfolgt die Abfrage der Items.

Mit diesen Ausgangsbedingungen ist sichergestellt, dass die Befragten noch am Anfang ihres Kaufentscheidungsprozesses stehen und noch keine Alternatividentifikation der Kaufentscheidung erfolgte. Durch den Beginn des Kaufprozesses, kann die Wirkung des persuasiven Botschaftsversuches des NFC-Tags mit seinen Informationen auf die Befragten überprüft werden. Überprüft wird zur Beantwortung der Hypothese 2.2, der Nutzenmehrwert für die Befragten durch die Informationsbotschaft des NFC-Tags auf dem Produktblatt. Das Item " Die neuen Informationen sind für mich nützlich" wird dann mit den Durchschnittswerten der folgenden Items korreliert: " Ich schaue mir andere Online-Inhalte von Miele an", "Meine Kaufentscheidung für ein Miele-Modell ist jetzt einfacher" und dem Item " Ich habe mehr Vertrauen in die Marke Miele".

Abbildung 15: Miele-Produktinformation mit NFC-Tag

Quelle: Eigene Darstellung

2.5. Auswertungsmethode

Nach dem Abschluss des Online-Fragebogens werden die gewonnen Daten in deiner Excel-Datei exportiert und in dem Programm Office-Excel für IBM SPSS Statistics (Version 24 Win64) zuerst aufbereitet. Den einzelnen beschrifteten Tabellenreihen werden Codierungen zugewiesen, andernfalls scheitert die Importierung in SPSS. In SPSS werden die Variablen neu beschriftet und erhalten die geeignete Skalenauswahl. Im Fragebogen wurde das sechstellige Likert-Skalenniveau, von 1 "Ich stimme nicht zu" bis 6 „"ich stimme voll zu", durchgängig für die Hypothesenüberprüfung eingehalten. Die Werte müssen daher in SPSS nicht mehr umgepolt werden. Den einzelnen Werten der Ordinal-, bzw. Likert-Skalen müssen Parameterbegrenzungen zugewiesen werden und erhalten ebenfalls neue Beschriftungen. Nur durch diese Grundeinstellungen ist eine sinnvolle und statistisch aussagekräftige Auswertung möglich.

Als erstes Auswertungsverfahren werden Häufigkeitsverteilungen ermittelt. Dies ermöglicht einen guten anschaulichen Überblick über die einzelnen Aussagen zu dem Kaufprozess und dem Informations- und Suchverhalten der StichprobenteilnehmerInnen mit der NFC-, und QR-Technologie. Ebenso bilden diese Werte die Basis für soziodemographische Merkmale und das Medienverhalten der StichprobenteilnehmerInnen. Die ermittelten Werte sind; Mittelwerte, der Median, die Standardabweichung, die Varianz und die Schiefe einer Verteilung.

Anschließend werden Korrelationsanalysen nach Spearman-Roh angewendet. Die Korrelationen geben Auskunft über die Zusammenhänge der überprüften Ordinal-Skalen. Je höher, oder je niedriger die Korrelationen sind, desto ausgeprägter ist ein positiver oder negativer Zusammenhang mit den abgeprüften Ordinalskalen. Je nachdem wie signifikant die Korrelationswerte sind, desto eher ausgeprägter und wahrscheinlicher ist der Zusammenhang. Das Spearman-Roh Verfahren dient abschließend zur Beantwortung der Alternativ- und Nullhypothesen.

2.6. Qualitätskontrolle

Ausschlagend für valide Daten sind die grundlegenden Gütekriterien der quantitativen Forschung. Der Online-Fragebogen folgt diesen Prinzipien und achtet auf die Vermeidung von Suggestivfragen, Dramaturgie der Fragen und beinhaltet erklärende Erläuterungen zu komplexen Fragen. Im Rahmen dieser empirischen Arbeit wurde intensiv an den Darstellungen von NFC-Tags auf Produktverpackungen und konkreten Darstellungen der Kaufsituationen gearbeitet. Dargestellt werden die verwendeten Grafikelemente in den Abbildungen 7-15 auf den Seiten 13-20 des Kapitels 2.4. Operationalisierung. Als zusätzliches Qualitätskriterium und zur Erhöhung der Samplegröße, wurden ein Fortschrittsbalken und die freiwillige Teilnahme an einem Gewinnspiel implementiert. Zur weiteren Motivation, durchgängigen Beantwortung und Vermeidung hoher Abbruchquoten, wurde in der Mitte des Fragebogens den TeilnehmerInnen zur Hälfte des absolvierten Fragebogens gratuliert.

Der Online-Fragebogen wurde anhand eines Pretests auf Fehler und Einfachheit für die Befragten im Jänner 2018 überprüft. Nach diesem Pretest ergab sich die Einführung der Frage 7 und 8. Da nicht alle Befragten eine Erklärung der NFC-Technologie als digitales Kommunikationsmedium als reine Textform anstandslos verstanden, wurde dieselbe Frage noch um zwei weitere Grafiken und einen weiteren kurzen erklärenden Text erweitert.

Die Fragen verwenden Nominalskalen (einfach und mehrfach) und Ordinal-Skalen. Den Befragten, ist es dabei leichter möglich ihre persönlichen Standpunkte zu Aussagen zu äußern, und die Zusammenhänge können besser ausgewertet weden. Die Ordinal-Skalen werden in Hinblick auf die zügige Beantwortung und die Auswertung der Daten mit einem Skalenniveau von 1-6 (1=ich stimme nicht zu und 6 ich stimme voll zu) gewählt. Dies stellt sicher, dass die Tendenz zur Mitte bei Antworten vermieden wird. Die stete Ausprägung des Skalenniveaus ermöglicht den Befragten Kontinuität und Zeitersparnis in der Beantwortung. Die Abfrageparameter der Likert-Skalen des Online-Fragenbogens haben immer die gleiche Prägung/Richtung, daher müssen die Werte in SPSS nicht umgepolt werden und die Befragenden haben es zugleich leichter, da die Thematik ja schwierig genug ist.

3. Empirische Ergebnisse

3.1. Beschreibung der Stichprobe

Die Anzahl an StichprobenteilnehmerInnen die an dem Online-Fragebogen teilnahmen waren 124 Personen, jedoch nehmen im Rahmen der Auswertung der empirischen Ergebnisse zur 96 Befragte teil. Da sämtliche Fragen, Pflichtfragen sind, konnten diese zusätzlichen Ergebnisse nicht berücksichtigt werden. Die 96 ausgewerteten Befragten unterteilten sich in 43 Männer und 53 Frauen, wie in Abbildung 16 dargestellt. Das Durchschnittsalter betrug 27, 4 Jahre, das höchste Alter hatte eine Person mit 63 Jahren und auch nur eine andere Person mit 20 Jahren.

Abbildung 16: Befragte nach Geschlecht die Fragebogen abgeschlossen haben

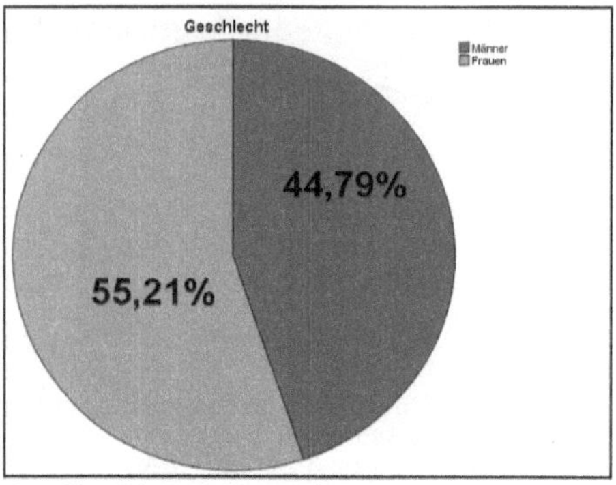

Geschlecht

■ Männer
□ Frauen

44,79%

55,21%

Quelle: Eigene Darstellung

In Abbildung 17 wurde die Smartphone-Nutzung am Point of Sale abgefragt. Es lässt sich feststellen, dass die Suche mittels Smartphone nach Produktinformation und Preisinformationen am Point of Sale sehr intensiv wahrgenommen wird.

Abbildung 17: Smartphone-Nutzung am Point of Sale

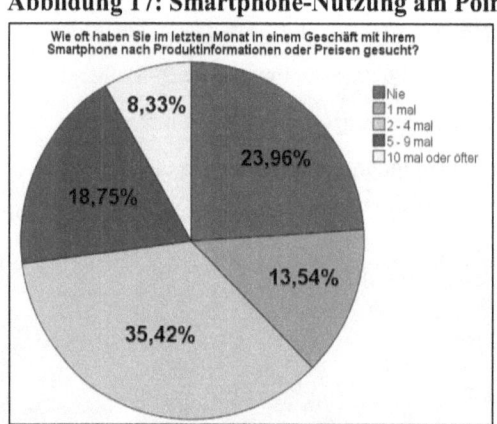

Wie oft haben Sie im letzten Monat in einem Geschäft mit ihrem Smartphone nach Produktinformationen oder Preisen gesucht?

■ Nie
▨ 1 mal
□ 2 - 4 mal
■ 5 - 9 mal
□ 10 mal oder öfter

8,33%

23,96%

18,75%

13,54%

35,42%

Quelle: Eigene Darstellung

Die Befragten weisen ebenfalls eine hohe Interaktionsrate mit QR-Codes auf. 82,29% der Befragten haben schon einmal einen QR-Code aktiv mit ihrem Smartphone gescannt. Wie in Tabelle 4 ersichtlich, werden von jenen Befragten, die den QR-Code schon einmal aktiv scannten, vor allem allgemeine Informationen abgefragt.

Tabelle 3: Befragte: Interaktionsbereiche mit QR-Technologie

Frage 5: Für welche Zwecke haben sie in der Vergangenheit schon QR-Codes gescannt?		
Mehrfachnennungen möglich	Antworten	Prozent
Preise	17	21,50
Event-Tickets	27	34,20
Produktvergleiche, Aktionen	10	12,70
Allgemeine Informationen	38	48,10
Identifikation	29	36,70
Sonstiges	13	16,50
Gesamt	134	100,00

Quelle: Eigene Darstellung

Interessant ist die Abbildung 18, mit Frage der nach der NFC-Technologienutzung der Befragten. Mehr als 73,96% von ihnen haben schon einmal kontaktlos am Point of Sale bezahlt. Dadurch, dass der Online-Fragebogen nur mit Pflichtfragen abschließbar ist, wurde im Rahmen des Pretests sichergestellt, dass die TeilnehmerInnenquote möglichst hoch. Die Abbildung 19 auf der nächsten Seite, verdeutlicht diesen Umstand.

Abbildung 18: Bezahlung mit NFC-Technologie am Point of Sale

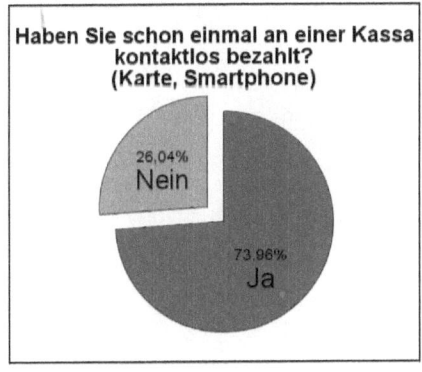

Quelle: Eigene Darstellung

Abbildung 19: Kennen und verstehen Sie die NFC-Technologie?

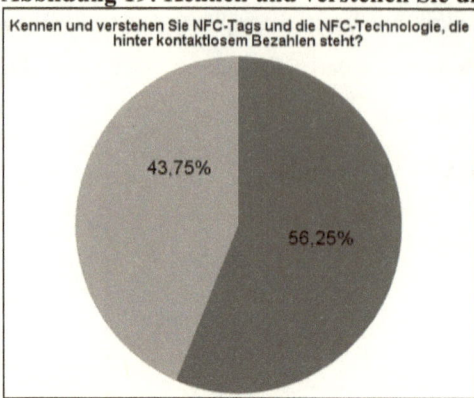

Kennen und verstehen Sie NFC-Tags und die NFC-Technologie, die hinter kontaktlosem Bezahlen steht?

43,75%

56,25%

Quelle: Eigene Darstellung

Aufgrund des Forschungsgebietes der NFC-Technologie als Kommunikationsmedium mit Produkten, musste sichergestellt werden, dass die Komplexität und das Nichtverstehen nicht zu hohen Abbruchquoten führt. Daher wurde für die 43,75%, die diese mit Nein beantworteten, ein Zusatzfeld (Siehe Abbildungen 7 und 8 auf Seite 15) eingeführt, welches zwei Grafiken und einen zusätzlichen Text über die NFC-Technologie enthält. Damit war sichergestellt, dass die Anzahl der Befragten, die den Fragebogen beendeten, und damit die Samplegröße, ausreichend groß sind. 77,42% aller Befragten beendeten den Online-Fragebogen.

Die StichprobenteilnehmerInnen haben im Vergleich zu TeilnehmerInnen von repräsentativen Studien in Österreich (vgl. *Jann* 2015 S. 17-19; vgl. *mmaaustria.at* 2016, S. 5-8) einen höheren Interaktionsgrad mit der NFC-Technologie als Bezahlmedium. Nur geringe Unterschiede weisen die Befragten in der Nutzung von QR-Codes und im Rahmen der Recherche zu Produktinformationen und Preisen mit ihren Smartphones am Point of Sale des stationären Einzelhandels auf (vgl. *Jann* 2015 S. 17-19; vgl. *mmaaustria.at* 2016, S. 5-8).

Da alle StichprobenteilnehmerInnen nur als KonsumentInnen an dem Online-Fragebogen teilnehmen durften, werden diese beide Begriffe in den folgenden Unterkapiteln sinngemäß nur als KonsumentInnen bezeichnet.

Die alle hier behandelten Rangfolgenbezeichnungen der Ordinalskalen zu KonsumentInnen-Aussagen sind immer gleich gereiht: 6 "Ich stimme voll zu", 5"Ich stimme mehr zu", 4 "Ich stimme eher zu", 3 "Ich stimme eher nicht zu", 2 "Ich stimme weniger zu" und 1 "Ich stimme nicht zu".

3.2. Vorteile eines NFC-Tags gegenüber QR-Codes auf Verbrauchsgütern

Nullhypothese H₀ 1.1: Es gibt keinen Zusammenhang zwischen der transparenten Darstellung der Informationen eines QR-Codes auf einer Produktverpackung eines Verbrauchsgutes und der Interaktionsbereitschaft von KonsumentInnen mit der Produktverpackung am Point of Sale des stationären Einzelhandels.

Nullhypothese H_A 1.2: Es gibt keinen Zusammenhang zwischen der transparenten Darstellung der Informationen eines NFC-Tags auf einer Produktverpackung eines Verbrauchsgutes und der Interaktionsbereitschaft von KonsumentInnen mit der Produktverpackung am Point of Sale des stationären Einzelhandels.

Die KonsumentInnen bewerteten zuerst den QR-Code auf einer Produktverpackung eines Verbrauchsgutes, einem Nutella-Produkt. Die Abbildungen 9 bis 11 zeigen die Visualisierungen des Nutella-Produktes in Subkapitel 2.4., Operationalisierung. In weiterer Folge bewerteten die Befragten einen NFC-Tag auf dem Nutella-Produkt. Anhand der nur geringen Mittelwerte der verwendeten Ordinalskala in den einzelnen Item-Abfragen zu den

Abbildung 20: Frage 8 QR-Code Häufigkeiten und Normalverteilung

		Frage 8: Bewertungen der Aussagen zum Nutella-Produkt mit QR-Code					
		Item 1: Ich weiß welche Informationen mich nach Scannung erwarten	Item 2: Das Design ist für mich selbsterklärend	Item 3: Er enthält für mich nützliche Informationen	Item 4: Nutella erscheint mir dadurch sympathischer	Item 5: Ich vertraue diesem QR-Code	Item 6: Ich würde diesen QR-Code scannen
Befragte Gesamt	Gültige Antworten	96	96	96	96	96	96
	Fehlende Antworten	0	0	0	0	0	0
Mittelwert		1,72	2,28	1,92	1,51	3,23	1,94
Median		1,00	2,00	2,00	1,00	3,00	1,00
Standardabweichung		1,063	1,520	0,970	0,883	1,462	1,320
Varianz		1,131	2,310	0,940	0,779	2,136	1,743
Ordinalskala Bewertungen 1 (ich stimme nicht zu) 6 (ich stimme voll zu)							

Quelle: Eigene Darstellung

QR-Codes, wie in Abbildung 20 dargestellt, lässt sich in einem ersten Schritt erkennen, dass KonsumentInnen weniger wissen, welche Informationen sie nach einer Interaktion (Item 1) (Mittelwert = 1,72 SD 1,063) mit einem QR-Code erwarten. Das Design eines QR-Codes (Item2) mit einem Mittelwert (M= 2,28, SD 1,52) ist für sie auch weniger selbsterklärend. Das Item 3 mit dem Nutzenwert der Informationen eines QR-Code (Mittelwert=1,92, SD 0,97) ist ebenso gering. Noch dazu ist hier die Standardabweichung (SD) signifikant. Die beiden anderen Items liegen nahe der Idealwerte der Standardabweichung. Dies zeigt sich durch die hohe Samplegröße und den geringen absoluten Extremwerte. Die Medienwerte, ohne Berücksichtigung der absoluten Extremwerte, sind geringer als die Mittelwerte. Aus Items 1,2 und 3, wird ein neuer Mittelwert errechnet, das Item 7. Dieses ergibt die Variable der Hypothese (= die transparente Darstellung der Informationen eines QR-Codes auf der Produktverpackung) und wird mit dem Item 6 (Interaktionsbereitschaft mit QR-Codes) korreliert. Die Korrelation ergibt den Korrelationseffizienten nach Spearman-Roh, rs = .273, p = .007, n = 96. Der Zusammenhang zwischen den beiden Variablen ist im mittleren Bereich positiv und signifikant.

Abbildung 21 zeigt dieselben Abfragen mit einem integrierten NFC-Tag und diese weisen eine wesentlich höhere Zustimmung der KonsumentInnen auf. Item 1: Wissen über die Informationen die nach Interaktion erlangt wird (Mittelwert 4,33 SD 1,56), Item2: Design eines NFC-Tags (Mittelwert 4,21 SD 1,479), Item3: Nutzengehalt der Information eines NFC-Tags (Mittelwert 2,59 SD 1,219). Das Korrelationsverfahren mit dem neu gebildeten Mittelwert aus den Items1, 2 und 3, ist das neue Item 7 (= Die transparente Darstellung der Informationen eines NFC-Codes auf der Produktverpackung). Die Korrelation des Items 6

Abbildung 21: Frage 9 NFC-Tag Häufigkeiten und Normalverteilung

Frage 9: Bewertungen der Aussagen zum Nutella-Produkt mit NFC--Tag							
		Item 1: Ich weiß welche Informationen mich nach Berührung erwarten	Item 2: Das Design ist für mich selbsterklärend	Item 3: Er enthält für mich nützliche Informationen	Item 4: Nutella erscheint mir dadurch symphatischer	Item 5: Ich vertraue diesem NFC-Tag	Item 6: Ich würde diesen NFC-Tag berühren
Befragte Gesamt	Gültige Antworten	96	96	96	96	96	96
	Fehlende Antworten	0	0	0	0	0	0
Mittelwert		4,33	4,21	2,59	2,64	3,57	2,65
Median		5,00	5,00	3,00	3,00	3,00	3,00
Standardabweichung		1,560	1,479	1,219	1,370	1,568	1,273
Varianz		2,435	2,188	1,486	1,876	2,458	1,621
Ordinalskala Bewertungen von 1 (ich stimme nicht zu) 6 (ich stimme voll zu)							

Quelle: Eigene Darstellung

(Interaktionsbereitschaft mit NFC-Tags) mit Item 7 ergibt rs = .506, p = .000, n = 96. Der Zusammenhang der beiden Variablen ist im starken positiven Bereich und hoch signifikant.

Abbildung 22 zeigt die abschließende Überprüfung der beiden Items 7 (der in- und transparenten Darstellung der Informationen der beiden digitalen Kommunikationsträger). Auch diese beiden Items werden miteinander korreliert. Die Korrelation der beiden Items 7 ergibt. rs = -.299, p = .003, n = 96. Der Zusammenhang der beiden Variablen ist im starken Bereich negativ und hoch signifikant. Dies erklärt, dass es einen hohen Unterschied in der Darstellung der Informationen eines NFC-Tags und eines QR-Codes auf Verbrauchsproduktverpackungen gibt und einen Zusammenhang mit der Interaktionsbereitschaft von KonsumentInnen mit NFC-Tags und QR-Codes auf Produktverpackungen am Point of Sale des stationären Einzelhandels besteht. Die Alternativhypothesen H_A 1.1 und H_A 1.2, können angenommen und die Nullhypothesen H_0 1.1 und H_0 1.2 abgelehnt werden.

Abbildung 22: Korrelation Informationsbotschaften auf einem Verbrauchsgut

Korrelation der Informationen eines NFC-Tags und eines QR-Codes				
			Item 7 des QR-Codes	Item 7 des NFC-Codes
Spearman-Rho	Item 7 des QR-Codes	Korrelationskoeffizient	1,000	-,299**
		Sig. (2-seitig)		0,003
		N	96	96
	Item 7 des NFC-Tags	Korrelationskoeffizient	-,299**	1,000
		Sig. (2-seitig)	0,003	
		N	96	96
**. Die Korrelation ist auf dem 0,01 Niveau signifikant (zweiseitig).				

Quelle: Eigene Darstellung

Alternativhypothese H_A 1.1: Es gibt einen Zusammenhang zwischen der intransparenten Darstellung der Informationen eines QR-Codes auf einer Produktverpackung eines Verbrauchsgutes und der Interaktionsbereitschaft von KonsumentInnen mit der Produktverpackung am Point of Sale des stationären Einzelhandels.

Alternativhypothese H_A 1.2: Es gibt einen Zusammenhang zwischen der transparenten Darstellung der Informationen eines NFC-Tags auf einer Produktverpackung eines Verbrauchsgutes und der Interaktionsbereitschaft von KonsumentInnen mit der Produktverpackung am Point of Sale des stationären Einzelhandels.

3.3. NFC-Tags auf Produkten und ihr Einfluss auf den Kaufprozess

Nullhypothese H₀ 2.1: Es gibt keinen Zusammenhang zwischen dem Nutzenwert der erhaltenen Informationen eines NFC-Tags auf Produktverpackungen eines Verbrauchsgutes und dem Einfluss auf den Kaufprozess von KonsumentInnen am Point of Sale des stationären Einzelhandels.

Das untersuchte Verbrauchsgut war eine SunKiss-Sonnencreme. Es wurden die Mittelwerte der folgenden Items gebildet: Item 2 (M 3,71 SD 1,404) "Meine Kaufentscheidung ist jetzt einfacher", dem Item 3 (M 3,6 SD 1,443) "Ich habe mehr Vertrauen in die Marke SunKiss" und Item 4 (M 3,35 SD 1,306) "Ich kaufe die SunKiss-Sonnencreme".
KonsumentInnen bewerteten die Aussagen zu den drei Items eher zustimmend bis mehr zustimmend. Der Medianwert zeigt eine mehr zustimmende Bestätigung zu den Aussagen und zeigt, dass nicht viele extreme Absolutwerte den Mittelwert beeinflussen. Die Standardabweichungen sind nicht signifikant.

Abbildung 23: Frage 10 NFC-Tag Häufigkeiten und Normalverteilung

		Item 1: Sonnencreme - NFC-Tag: Die neuen Informationen sind für mich nützlich	Item 2: Sonnencreme - NFC-Tag: Meine Kaufentscheidung ist jetzt einfacher	Item 3: Sonnencreme - NFC-Tag: Ich habe mehr Vertrauen in die Marke Sunkiss	Item 4: Sonnencreme - NFC-Tag: Ich kaufe die Sunkiss-Sonnencreme
Befragte	Gültige Ant.	96	96	96	96
Gesamt	Fehlend Ant.	0	0	0	0
Mittelwert		4,08	3,71	3,60	3,35
Median		4,00	4,00	4,00	4,00
Standardabweichung		1,404	1,443	1,433	1,306
Varianz		1,972	2,082	2,052	1,705
Schiefe		-0,524	-0,288	-0,302	-0,456
Minim./Ordinalskala Bewertungen von 1 (ich stimme nicht zu) 6 (ich stimme voll zu)					

Frage 10: Bewertungen zu Sunkiss-Sonnencreme mit NFC-Tag

Quelle: Eigene Darstellung

Aus den Items 2,3 und 4 wird das Item 7 (M 3,55 SD 1,23) errechnet. Das Item 7 ergibt die Variable „Nutzenwert der erhaltenen Informationen eines NFC-Tags" und wird anschließend mit dem Item 1 " Die neuen Informationen sind für mich nützlich" korreliert. Die Standardabweichung ist bei Item 1 etwas geringer und der Mittelwert hat weniger Streuung. In Abbildung 24 auf der nächsten Seite abgebildet, ist die Lage der Schiefe etwas rechtslagig und spiegelt die eher zustimmende Aussage der KonsumentInnen zu einem Mehrwert an Informationen durch eine Interaktion mit einem NFC-Tag wieder.

Abbildung 24: Häufigkeit und Nutzeninformationswert auf einem Verbrauchsgut

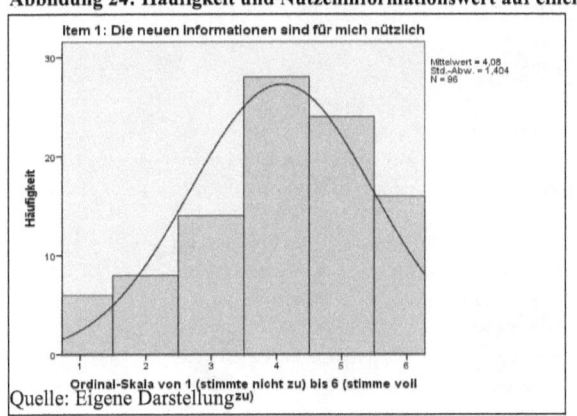

Quelle: Eigene Darstellung[zu)]

Die Korrelation des Items 1 mit dem neuen Item 7, wie in Abbildung 25 ersichtlich, ist rs = .739, p = .000, n = 96. Es kann mit einem starken Effekt und hoher Signifikanz der Zusammenhang zwischen den erhaltenen Informationen eines Verbrauchsgutes mit einem integrierten NFC-Tag, und der ehernen bis mehr zustimmenden Beeinflussung des Kaufprozesses festgestellt werden. Die verwendeten NFC-Informationsbotschaften waren informativ, und durch eingesetzte Grafiken, auch emotional. Die Alternativhypothese HA 2.1 kann daher bestätigt und die Nullhypothese HA 2.1 abgelehnt werden.

Abbildung 25: NFC-Tag Erhaltene Informationen und Mehrwert an Nutzen bei einem Verbrauchsgut

Korrelation: Erhaltene Information und Einfluss auf den Kaufprozess			Items 2-4	Item 1
Spearman-Rho	Items 2-4	Korrelationskoeffizient	1,000	,739[**]
		Sig. (2-seitig)		0,000
		N		96
	Item 1	Korrelationskoeffizient	,739[**]	1,000
		Sig. (2-seitig)	0,000	
		N	96	96
**. Die Korrelation ist auf dem 0,01 Niveau signifikant (zweiseitig).				

Quelle: Eigene Darstellung

Nullhypothese H₀ 2.2: Es gibt keinen Zusammenhang zwischen dem Nutzenwert der erhaltenen Informationen eines NFC-Tags auf Produktverpackungen eines Gebrauchsgutes und dem Einfluss auf den Kaufprozess von KonsumentInnen am Point of Sale des stationären Einzelhandels.

Eine Miele-Waschmaschine dient dieser Arbeit als Gebrauchsgut. Die Mittelwerte der abgefragten Items (Abbildung 26) sind: Item 2 (M 4,14 SD 1,404) "Ich schaue mir andere Online-Inhalte an", Item 3 "Meine Kaufentscheidung für ein Miele-Modell ist jetzt einfacher" (M 4,15 SD 1,273) " und Item 4 (M 3,35 SD 1,395)" Ich habe mehr Vertrauen in die Marke Miele" ermittelt. KonsumentInnen bewerten die Aussagen der Items 2 und 3 eher bis mehr zustimmend. Der durchschnittliche Medianwert der Items 2-4 von 4,75, zeigt eine mehr zustimmende Bestätigung zu den Aussagen. Die gemeinsamen Mittelwerte durch Division ergeben das neue Item 7.

Abbildung 26: Frage 11 NFC-Tag Häufigkeiten und Normalverteilung

		Item 1: Die neuen Informationen sind für mich nützlich	Item 2: Ich schaue mir andere Online-Inhalte von Miele an	Item 3: Meine Kaufentscheidung für ein Miele-Modell ist jetzt einfacher	Item 4: Ich habe mehr Vertrauen in die Marke Miele
Befragte Gesamt	Gültig Ant.	96	96	96	96
	Fehlend Ante.	0	0	0	0
Mittelwert		4,59	4,14	4,15	3,73
Median		5,00	5,00	4,50	4,00
Standardabweichung		1,278	1,404	1,273	1,395
Schiefe		-0,801	-0,596	-0,811	-0,450
Standardfehler der Schiefe		0,246	0,246	0,246	0,246
Ordinalskala Bewertungen von 1 (ich stimme nicht zu) 6 (ich stimme voll zu)		1 6	1 6	1 6	1 6

Quelle: Eigene Darstellung

Nas neue Item 7 dient zur Korrelation mit Item 1. Die hier abgefragten Items 2,3, und 4 geben den Zusammenhang des Kaufprozesses wieder und sind die neue Variable „Nutzenwert der erhaltenen Informationen eines NFC-Tags". KonsumentInnen können in ihrem Kaufprozess nur beeinflusst werden, wenn sie nützliche Informationen erhalten, oder weitere Faktoren des kognitiven oder emotionalen Involvements eine Rolle spielen. Alle Abfrage-Items beeinflussen die Länge des Kaufprozesses, die Evaluierung der Kaufentscheidung und das Informations- und Suchverhalten wieder. Die Informationsbotschaft des NFC-Tags enthielt informationelle und emotionale Persuasionsinhalte. Daher kann nur ein Zusammenhang mit den erhaltenen Information und ihrem generellen Nutzen ausgesagt werden.

Abbildung 27 zeigt nochmal den Nutzengrad von KonsumentInnen, der durch die Informationen eines NFC-Tags erfolgt. Es lässt sich die rechtsseitige Ausrichtung der Schiefe sehen und man erkennt den leicht ausgeprägten Absolutwert der Aussagen auf Stufe 5 der 6-stelligen Ordinal-, bzw. Likert-Skala. Die Korrelation des neuen Items 7 und dem Item 1, wie in Abbildung 28 dargelegt, ergibt rs = .598, p = .000, n = 96. Es kann daher ein starker Effekt, mit hoher Signifikanz ermittelt werden. Der Zusammenhang zwischen den erhaltenen Informationen eines Gebrauchsgutes und integriertem NFC-Tag in die Produktverpackung und der ehernen, bis mehr zustimmenden Beeinflussung des Kaufprozesses festgestellt werden. Die verwendeten NFC-Informationsbotschaften waren informativ, und durch eingesetzte Grafiken, emotional. Die Alternativhypothese H_A 2.1 kann daher bestätigt und die Nullhypothese H_A 2.1 abgelehnt werden.

Abbildung 27: NFC-Tag Nutzeninformationswert bei einem Gebrauchsgut

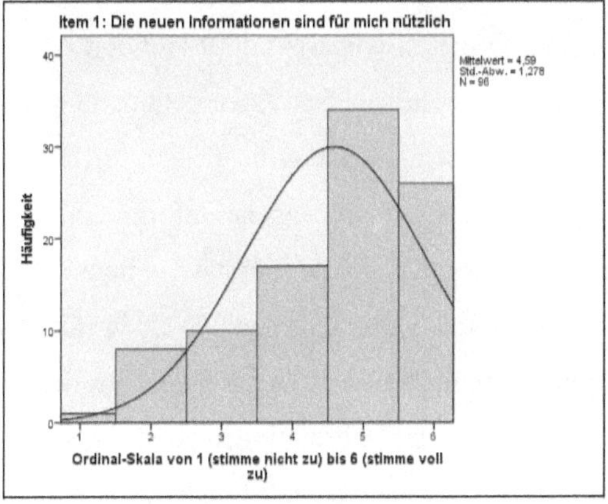

Quelle: Eigene Darstellung

Abbildung 28: NFC-Tag Erhaltene Informationen und Mehrwert an Nutzen bei einem Gebrauchsgut

Korrelationen: Erhaltene Information und Einfluss auf den Kaufprozess			Items 2-4	Item 1
Spearman-Rho	Item 2-4	Korrelationskoeffizient	1,000	,598**
		Sig. (2-seitig)		0,000
		N	96	96
	Item 1	Korrelationskoeffizient	,598**	1,000
		Sig. (2-seitig)	0,000	
		N	96	96
**. Die Korrelation ist auf dem 0,01 Niveau signifikant (zweiseitig).				

Quelle: Eigene Darstellung

4. Conclusio

4.1. Komprimierte Beantwortung der empirischen Forschungsfragen

Nullhypothese H_0 1.1: Es gibt keinen Zusammenhang zwischen der intransparenten Darstellung der Informationen eines QR-Codes auf einer Produktverpackung eines Verbrauchsgutes und der Interaktionsbereitschaft von KonsumentInnen mit der Produktverpackung am Point of Sale des stationären Einzelhandels.

Nullhypothese H_0 1.2: Es gibt keinen Zusammenhang zwischen der transparenten Darstellung der Informationen eines NFC-Tags auf einer Produktverpackung eines Verbrauchsgutes und der Interaktionsbereitschaft von KonsumentInnen mit der Produktverpackung am Point of Sale des stationären Einzelhandels.

Beide Hypothesen werden mit den identen Fragestellungen 8 und 9 zu QR-Codes und NFC-Tags auf Produktverpackungen durch Aussagewerte der Befragten beantwortet. Die Frage 8 des Online-Fragebogens, mit den enthaltenen Items 1-3 und 6, dienen zur Bestätigung der Hypothese H_0 1.1. Die Items waren: Item 1: Ich weiß welche Informationen mich nach Scannung erwarten,   Item 2: Das Design ist für mich selbsterklärend,   Item 3: Er enthält für mich nützliche Informationen   und Item 6: Ich würde diesen QR-Code scannen. Aus den Items 1 bis 3 wird das Item 7 ermittelt und anschließend mit dem Item 6 korreliert. Das Item 7 ergibt die Faktoren (der transparenten Darstellung der Informationen eines QR-Codes auf einer Produktverpackung) Das Item 6 ist die (Interaktionsbereitschaft von KonsumentInnen mit der Produktverpackung) korreliert mit Item 7 ergibt den Korrelationseffizienten nach Spearman-Roh, $rs = .273$, $p = .007$, $n = 96$. Der Zusammenhang zwischen den beiden Variablen ist im mittleren Bereich positiv und hoch signifikant. Dieselbe Ergebnisermittlung wird auf H_0 1.2 angewendet. Die Korrelation des Items 6 (Interaktionsbereitschaft mit NFC-Tags) und des Items 7 ergibt $rs = .506$, $p = .000$, $n = 96$. Der Zusammenhang der beiden Variablen ist im starken positiven Bereich und hoch signifikant. Eine zusätzliche Korrelation beider Items 7 ergibt. $rs = -.299$, $p = .003$, $n = 96$. Der Zusammenhang der beiden Variablen ist im starken Bereich negativ und hoch signifikant. Dies erklärt die stark zu einander differierenden Werte der Items 7.

Die Alternativhypothesen H_A 1.1 und H_A 1.2, können daher angenommen und die Nullhypothesen H_0 1.1 und H_0 1.2 abgelehnt werden.

Nullhypothese H₀ 2.1: Es gibt keinen Zusammenhang zwischen dem Nutzenwert der erhaltenen Informationen eines NFC-Tags auf Produktverpackungen eines Verbrauchsgutes und dem Einfluss auf den Kaufprozess von KonsumentInnen am Point of Sale des stationären Einzelhandels.

Es wird eine die neue Variable (Item 7) errechnet, die dem Nutzenwert der erhaltenen Informationen eines NFC-Tags aufweist. Dazu werden die Items 2 "Meine Kaufentscheidung ist jetzt einfacher", Item 3 "Ich habe mehr Vertrauen in die Marke SunKiss" und Item 4 " Ich kaufe die SunKiss-Sonnencreme" herangezogen, addiert und durch sich selbst geteilt. Das neue Item 7 entspricht dem Nutzenwert der erhaltenen Informationen eines NFC-Tags auf Produktverpackungen. Es berücksichtigt den Informations- und Suchprozess, die Evaluierung und die Kaufentscheidung im Rahmen des Kaufprozesses. Das Item 7 wird zuletzt mit dem Item 6 (die Interaktionsbereitschaft mit NFC-Tags) korreliert. . Der Korrelationswert nach Spearman-Rho ist $rs = .739$, $p = .000$, $n = 96$. Es gibt daher eine starke Korrelation zwischen den erhaltenen Informationen eines Gebrauchsgutes mit einem NFC-Tag. Der Korrelationswert nach Spears ist $rs = .739$, $p = .000$, $n = 96$. Es konnte nachgewiesen werden, dass es eine starke Korrelation zwischen erhaltener Informationen eines Verbrauchsgutes und dem in die Produktverpackung integriertem NFC-Tag gibt es eine mehr zustimmende Beeinflussung im Kaufprozess von KonsumentInnen gibt. Die Alternativhypothese H_A 2.1 kann daher angenommen und die Nullhypothese H₀ 2.1 abgelehnt werden.

Nullhypothese H₀ 2.2: Es gibt keinen Zusammenhang zwischen dem Nutzenwert der erhaltenen Informationen eines NFC-Tags auf Produktverpackungen eines Gebrauchsgutes und dem Einfluss auf den Kaufprozess von KonsumentInnen am Point of Sale des stationären Einzelhandels.

Die Methodik und Vorgehensweise ist wie bei den anderen Hypothesenüberprüfungen dieselbe. Nur zur Ermittlung der Variable werden andere Items herangezogen. Der Einfluss auf den Kaufprozess bleibt derselbe. Die anderen Items sind: Item 2 "Ich schaue mir andere Online-Inhalte an", Item 3 "Meine Kaufentscheidung für ein Miele-Modell ist jetzt einfacher" und Item 4" Ich habe mehr Vertrauen in die Marke Miele". Die Korrelation des neuen Items 7 mit dem Item 1 ergibt, $rs = .598$, $p = .000$, $n = 96$. Es kann daher ein starker Effekt, mit hoher Signifikanz ermittelt werden.

Die Alternativhypothese H_A 2.2 kann daher angenommen und die Nullhypothese H_0 2.2 abgelehnt werden.

4.2. Diskussion

Diese empirische Arbeit konnte Zusammenhänge zwischen NFC-Tags und QR-Codes auf Produktverpackungen von Verbrauchsgütern festhalten. Es gibt eine starke und signifikante Korrelation zwischen dem unterschiedlichen Design der Informationen digitaler Kommunikationsträger auf Produktverpackungen und der Interaktionsbereitschaft von KonsumentInnen mit NFC-Tags und QR-Codes. Es konnten auch Zusammenhänge von starken und mittleren Effekten bei KonsumentInnen und den von ihnen erhaltenen Informationen eines NFC-Tags bei Gerbrauchs- und Verbrauchsgütern festgehalten werden. Diese waren hoch signifikant und beeinflussen den Kaufprozess von KonsumentInnen bei erhaltenen Informationen durch NFC-Tags. Es konnte mit sehr hoher Wahrscheinlichkeit die Wechselwirkung von emotionalen und informationellen Informationen und KonsumentInnen mit funktionalen Produkten aufgezeigt werden.

Diese empirische Arbeit war fokussiert auf Wechselbeziehungen und die empirischen Ergebnisse können daher nicht auf die Grundgesamtheit umgelegt werden. Dies gilt nicht nur für die Umlegung von Wirkung auf Ursache durch NFC-Tags und die Interaktionsbereitschaft von KonsumentInnen mit NFC-Tags. Die quantitative Untersuchung behandelte funktionale Produkte mit hohem und niedrigem Produktrisiko mit NFC-Tags und den Wechselbeziehungen zu den Kaufprozess-Einflüssen. Die Ergebnisse können nicht auf andere Produktkategorien umgelegt werden. Ein schließender Aspekt, den diese Arbeit nicht berücksichtigen konnte, war die Aufteilung von Informationsbotschaften in informationelle und emotionelle. Daher kann diese Arbeit nur Wechselwirkungen mit Informationsbotschaften aufzeigen, und die Ergebnisse können nicht auf alle Produktkategorien umgelegt werden.

4.3. Ausblick

Die theoretische und empirische Forschung sollte die in dieser Arbeit dargelegten Theorie-Modelle auf die NFC-Technologie erweitern und umlegen. Die Ergebnisse dieser empirischen Arbeit zur NFC-Technologie, können auf das Modell der Implikationen für den QR-Code-Einsatz bei funktionalen Produkten auf NFC-Tags angewendet und erweitert werden.

Da die NFC-Technologie erst seit einem geringen Zeitraum einen hohen Verbreitungsgrad als Bezahl- und Informationsträger erlangte und die Verbreitung von NFC-fähigen Smartphones neue Höhepunkte erreicht, ergeben sich für den stationären Einzelhandel neue technologische Möglichkeiten im Wettkampf mit dem Fernabsatzhandel. Als Beispiel dient der sehr populäre "Dash-Button" von Amazon. Vor allem große Handelskonzerne können die Produktverpackungen ihrer Eigenmarken mit der NFC-Technologie verbinden und den Customer-Journey mit ihren KundInnen auch zuhause nahtlos fortsetzen. Das Ergebnis wäre nicht nur ein genaues Kunden-Profiling durch digitale Datengewinnung, sondern auch gezielte Cross-Sales und Umsatzsteigerungen durch Wiederkäufe, die andernfalls verloren gingen.

5. Quellenverzeichnis

Asfinag.at (2016): Pressearchiv. Das Handy als Qualitätschecker. http://www.asfinag.at/newsroom/pressearchiv/-/asset_publisher/47582/content/das-handy-als-qualitats-checker-%E2%80%93-asfinag-startet-innovativen-service-check-auf-rastplatzen-mit-nfc-technologie;jsessionid=CA463DA2A63892110C77B67B8A349EBA?p_o_p_id=56_INSTAN CE_pjTWXODDm3vD (abgerufen am 08.12.2016).

Bauer, Hans/Dirks Thorsten/Bryant Melchior (2008): Erfolgsfaktoren des Mobile Marketing. Springer: Berlin Heidelberg, DOI 10.1007/978-3-540-85296-4.

Buchmüller, Peter/Thalbauer, Iris/Gittenberger, Ernst (2017): Zwischenbilanz 2017 im stationären Einzelhandel. Pressekonferenz der Bundessparte Handel, 27.07.2017, Wien, Österreich.

Bruhn, Manfred (2014): Unternehmens- und Marketingkommunikation. 3. Auflage, München: Franz Vahlen

.

etikettenwissen.de (2017): Etiketten Wissen.de. Das Online-Lexikon zum Thema Kennzeichnung und mehr. Barcode-Etikett. http://www.etikettenwissen.de/wiki/Barcode-Etikett (abgerufen am: 02.09.2017).

fh-ooe.at (2017): FH Hagenberg. Upper Austria University of Applied Sciences – Wissensdokumentation. http://research.fh-ooe.at/de/orgunit/373#showpublications (abgerufen am: 07.10.2017).

Foscht, Thomas/Swoboda, Bernhard/Schramm-Klein, Hanna (2015): Käuferverhalten. Grundlagen-Perspektiven-Anwendungen. 5. Auflage, Wiesbaden: Springer Gabler.

Gavac, Karin/Gittenberger, Ernst (2017): KMU Forschung Austria. Konjunkturentwicklung im Einzelhandel 2016. In: KMU Forschung Austria Online. 01.2017, http://www.kmuforschung.ac.at/images/stories/Konjunkturberichte/Handel2016/Konjunktur_i m_Einzelhandel2016.pdf (abgerufen am: 02.09.2017).

ibeacon.com (2017): ibeacon insider. What is iBeacon? A Guide to Beacons. http://www.ibeacon.com/what-is-ibeacon-a-guide-to-beacons/ (abgerufen am: 02.09.2017).

Jann, Johanna (2015): Digitale Nutzung in der DACH-Region. In: Bundesverband Digitale Wirtschaft e.V. in Kooperation mit IAB Austria und IAB Switzerland. Düsseldorf: Bundesverband Digitale Wirtschaft (BVDW) e.V..

Kab, Sonja/Dancu, Smaranda (2016): Social Trends. Digitaltrends 2016. In: Burda Forward Online. 01.2016, https://www.burda-forward.de/fileadmin/customer_files/public_files/downloads/studien/BF_SocialTrends_DigitalTrends2016.pdf (abgerufen am: 03.06.2017).

Klimmt, Christoph (2011): Das Elaboration-Likelihood-Modell. In: *Rössler, Patrick/Brosius Hans-Bernd* (Hrsg.): Konzepte. Ansätze der Medien- und Kommunikationswissenschaft. Baden-Baden: Nomos, Band 5.

Kreutzer, Ralf T. (2014): Praxisorientiertes Online-Marketing. 2. Auflage, Wiesbaden: Springer Gabler.

Kühberger, Gerald (2017): E-Commerce-Studie Österreich 2017. Konsumentenverhalten im Distanzhandel. In: Handelsverband Online. 20.06.2017, https://www.handelsverband.at/fileadmin/content/Presse_Publikationen/presseaussendungen/KMU_Studie_2017/Praesentation_PK_E-Commerce-Studie_Oesterreich2017.pdf (abgerufen am: 02.10.2017).

Langer, Josef/Roland, Michael (2010): Anwendungen und Technik von Near Field Communication (NFC). Berlin: Springer.

Lux, Wolfgang (2012): Innovationen im Handel. Verpassen wir die Megatrends der Zukunft? Wiesbaden: Springer Gabler, doi: 10.1007/978-3-642-28121-1.

mibqyyo.com (2018): NFC Etiketten oder Tags: Alles, was du wissen must. http://www.mibqyyo.com/de-artikel/2015/10/22/nfc-etiketten-tags-alles-was-du-wissen-musst/#/vanilla/discussion/embed/?vanilla_discussion_id=0 (abgerufen am: 14.2.2018).

---

mmaaustria.at (2017): MMA Austria. Mobile Marketing Association Austria. Mobile Communication Report - Infografiken 2016. https://docs.wixstatic.com/ugd/b6ad24_447d800644d341b9a40e4c8b3d672bd6.pdf (abgerufen am: 02.09.2017).

Meffert, Heribert/ Burmann, Christoph/Kirchgeorg, Manfred (2015): Marketing. Grundlagen marktorientierter Unternehmensführung. Konzepte-Instrumente-Praxisbeispiele. 12. Auflage, Wiesbaden: Springer Gabler.

Neumann, Natalie/Bartsch, Silke/Meyer, Anton (2014): QR-Codes – Marketing-Hype oder effektives Instrument?. In: Marketing Review St. Gallen. Nr. 5, S. 62-72.

nfc-forum.org (2017): NFC-Forum. About the technology. https://nfc-forum.org/what-is-nfc/about-the-technology/ (abgerufen am: 03.09.2017).

nfc-tag-shop.de (2017): Über NFC. Was ist NFC? https://nfc-tag-shop.de/info/ (abgerufen am 03.09.2017).

oebb.at (2016): 1209 NFC-Infotafeln für Kundeninformation. In: ÖBB AG Corporate Blog. https://blog-oebb.at/1-209-nfc-infotafeln-fuer-kundeninformation/ (abgerufen am: 08.12.2016).

qrcode.com (2016): QR-code.com. Types of QR Code. http://www.qrcode.com/en/codes/ (abgerufen am: 08.10.2016).

seibersdorf-laboratories.at (2018): Produkte.NFC - Near Field Communication. https://www.seibersdorf-laboratories.at/produkte/elektromagnetische-felder/wireless-applications/nfc-near-field-communication (abgerufen am 12.2.2018).

wko.at (2016, Hrsg.): „Zahlungsverkehr in Österreich". Eine Studie von GfK im Auftrag der WKO Österreich. In: WKO Online. 01.2016, https://www.wko.at/branchen/bankversicherung/Bargeld--Zahlungsverkehr-Charts_final_Journalisten.pdf (abgerufen am: 02.09.2017).

6. Anhang

Umfrage zum Kaufverhalten und der NFC-Technologie

Herzlich Willkommen!

Vielen Dank, dass Sie sich kurz Zeit nehmen und an dieser Umfrage teilnehmen. Diese führe ich im Rahmen meiner Bachelorarbeit an der FH der Wirtschaftskammer Wien durch.

Die Umfrage beschäftigt sich mit dem Käuferverhalten und der NFC-Technologie und dauert ehrliche 10 Minuten. Alle Ihre Angaben werden anonym und vertraulich behandelt und nicht an Dritte weitergeleitet.

Am Ende des Fragebogens, wird ein Gutschein für ein Candle-Light-Dinner des Restaurants "Vier Sinne" im Wert von 50€ unter allen Teilnehmern verlost. Das Dinner ist ein Erlebnis in absoluter Dunkelheit und gibt einen Einblick in die Welt der Blinden.

Herzlichen Dank für Ihre Teilnahme!

Restaurant Vier Sinne - Huttengasse 83, 1160 Wien

Allgemeine Angaben zu Ihrer Person

Frage 1   **Ihr Geschlecht** *

◯ Mann
◯ Frau

Frage 2   **Wie alt sind Sie?** *

| Bitte wählen Sie... ▼ |

Frage 3

Wie oft haben Sie im letzten Monat in einem Geschäft mit Ihrem Smartphone nach Produktinformationen oder Preisen gesucht? *

◯ 1 mal   ◯ 2 - 4 mal
◯ 5 - 9 mal   ◯ 10 oder mehr
◯ Nie

Einleitung zu Frage 4

Hier sehen Sie einen scannbaren QR-Code.

Frage 4

Haben Sie schon einmal aktiv einen QR-Code (wie oben dargestellt) mit ihrem Smartphone gescannt? * ⓘ

◯ Ja　　　　　　　　　◯ Nein

Frage 5 - Nur wenn Antwort 4 mit Ja beantwortet wurde

Für welche Informationen, bzw. Zwecke haben Sie in der Vergangenheit aktiv QR-Codes gescannt? *

Mehrfachnennung möglich

☐ Preise　　　　　　　　　　　　　　　　☐ Allgemeine Informationen

☐ Event-Tickets　　　　　　　　　　　　　☐ Identifikation

☐ Produktvergleiche, Aktionen

☐ Sonstige [　　　　　　　　　　　　　　]

Frage 6

Haben Sie schon einmal an einer Kassa kontaktlos (= nur mittels Berührung) mit ihrer Bankomatkarte, anderen Karten, oder ihrem Smartphone bezahlt? *

◯ Ja　　　　　　　　　◯ Nein

Bitte Lesen Sie diesen Text für die nächste Frage:
Die Near-Field-Communication Technologie (NFC) wird beim kontaktlosen Bezahlen und auch bei Produkten angewendet. Durch kontaktlose Berührung, zwischen ihrem Smartphone und einem Produkt mit NFC-Technologie, können Sie auf sichere Weise verschiedene Informationen erhalten oder senden. Die NFC-Technologie auf einem Produkt nennt man einen "NFC-Tag".

Frage 7

Kennen und verstehen Sie NFC-Tags und die NFC-Technologie, die hinter dem kontaktlosen Bezahlen steht? *

Wenn Sie das Feld "Nein" ankreuzen, gelangen Sie zu 2 erklärenden Bildern und einem weiteren kurzen Text.

◯ Ja　　　　　　　　　◯ Nein

Erklärung nur wenn Frage 7 mit "Nein" beantwortet wurde.

Kurzerklärung zur NFC-Technologie

Hier sehen Sie ein Produkt mit einem integrierten NFC-Tag, darunter einen sichtbaren NFC-Tag.

Die Technologie hinter kontaktlosem Bezahlen heißt Near-Field-Communication (NFC). Das kontaktlose Bezahlen geschieht nach demselben Prinzip wie zwischen einem Smartphone und einem Produkt. Sie können mit ihrem Smartphone und einem Produkt das einen NFC-Tag enthält, Informationen, Werbung und vieles mehr austauschen und kommunizieren. Unterschiede zu QR-Codes sind zB. das kontaktlose Berühren und die freie Designwahl der Produktverpackung

Der Unterschied zu einem QR-Code ist zB. die Aktivierung ihrer NFC-Funktion am Smartphone und das hierbei nur eine Berührung notwendig ist. Mit NFC-Technologie ist kein Scannen und keine vorinstallierte App zum Erhalt von Informationen notwendig.

Gratuliere, Sie haben schon mehr als die 1/2 des Fragebogens erreicht :)

Sie sehen hier ein im Handel erhältliches Nutella. Bitte sehen Sie sich die Produktangaben und den aufgedruckten QR-Code **an.**

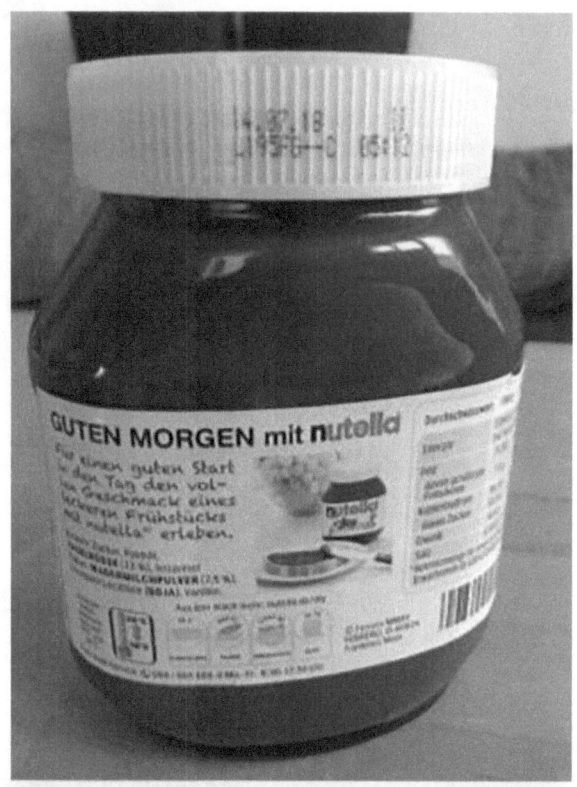

Bitte denken Sie an den QR-Code auf dem Nutella **und bewerten Sie die folgenden Aussagen.** *

	Ich stimme nicht zu					Ich stimme voll zu
Ich weiß welche Informationen mich nach dem Scannen erwarten	○	○	○	○	○	○
Das Design ist für mich selbsterklärend	○	○	○	○	○	○
Er enthält für mich nützliche Informationen	○	○	○	○	○	○
Nutella erscheint mir dadurch symphatischer	○	○	○	○	○	○
Ich vertraue diesem QR-Code	○	○	○	○	○	○
Ich würde diesen QR-Code scannen	○	○	○	○	○	○

Sie sehen jetzt dasselbe Nutella, aber mit einem NFC-Tag. **Bitte sehen Sie sich diesen NFC-Tag an.**

Bitte denken Sie an den NFC-Tag auf dem Nutella **und bewerten Sie die folgenden Aussagen.** *ⓘ

	Ich stimme nicht zu					Ich stimme voll zu
Ich weiß welche Informationen mich bei Berührung erwarten	○	○	○	○	○	○
Das Design ist für mich selbsterklärend	○	○	○	○	○	○
Er enthält für mich nützliche Informationen	○	○	○	○	○	○
Nutella erscheint mir dadurch symphatischer	○	○	○	○	○	○
Ich vertraue diesem NFC-Tag	○	○	○	○	○	○
Ich würde diesen NFC-Tag berühren	○	○	○	○	○	○

Einleitung Frage 10

Bitte stellen Sie sich jetzt vor: Sie sind in einem Supermarkt, wollen unbedingt **eine Sonnencreme kaufen und** Sie bevorzugen keine Marke.

Auf Ihrem Weg durch das Geschäft sehen Sie auch diese Sonnencreme.

Das nächste Bild zeigt die gleiche Sonnencreme mit einem NFC-Tag **und einer Downloadmöglichkeit im Barcode-Feld an. Die übrigen Produktinformationen sind dieselben.**

Inhalt des NFC-Tag: **Laut der hier, ohne Internetverbindung downloadbaren und aktuellen Studie des Vereins für Konsumenteninformation (VKI), ist die Spar-Eigenmarke Sunkiss der eindeutige Testsieger. Die Sonnencreme ist u. a. nicht nur günstiger als viele andere Marken, sondern überzeugt auch mit ihrer hohen Anreicherung an Feuchtigkeit für die Haut und einem sehr hohen Schutz vor Sonnenbrand.**

Frage 10

Bitte denken Sie an die Informationen des NFC-Tags auf der Sonnencreme **und** Ihrer konkreten Kaufentscheidung. * ⓘ **Bewerten Sie die folgenden Aussagen.**

	Ich stimme nicht zu zu					Ich stimme voll
Die neuen Informationen sind für mich nützlich	○	○	○	○	○	○
Meine Kaufentscheidung ist jetzt einfacher	○	○	○	○	○	○
Ich habe mehr Vertrauen in die Marke Sunkiss	○	○	○	○	○	○
Ich kaufe die Sunkiss-Sonnencreme	○	○	○	○	○	○
Ich vertraue diesem NFC-Tag	○	○	○	○	○	○
Ich würde diesen NFC-Tag berühren	○	○	○	○	○	○

Bitte stellen Sie sich jetzt vor: Sie sind in einem Elektronikmarkt und sind am Anfang Ihrer Suche um demnächst eine Miele Waschmaschine zu kaufen. Leider gibt es keine persönliche Beratung.

Alle Miele-Modelle haben derzeit ähnliche Produktangaben wie auf diesen Bildern. Mehr Informationen sind im Geschäft nicht erhältlich.

Das nächste Bild zeigt die gleichen Produktangaben mit einem NFC-Tag an. Darin ist ein Link zur Miele-Homepage zum Ansehen eines Videos enthalten, die übrigen Angaben sind dieselben.

Inhalt des NFC-Tag: **Auf ihrer Homepage stellt die Firma Miele in professionellen 1-Minuten Videos das jeweilige Modell vor und zeigt dabei auch die jeweiligen Modellvorteile. Ebenso werden die verwendeten Begriffe der obigen Abbildung erklärt.**

Frage 11

Bitte denken Sie an die Informationen des NFC-Tags bei der Waschmaschine **und** ihre konkrete Kaufüberlegung. * ⓘ
Bewerten Sie bitte **die folgenden Aussagen.**

	stimme nicht zu					stimme voll zu
Die neuen Informationen sind für mich nützlich	○	○	○	○	○	○
Ich schaue mir andere Online-Inhalte von Miele an	○	○	○	○	○	○
Meine Kaufentscheidung für ein Miele-Modell ist jetzt einfacher	○	○	○	○	○	○
Ich habe mehr Vertrauen in die Marke Miele	○	○	○	○	○	○
Ich vertraue diesem NFC-Tag	○	○	○	○	○	○
Ich würde diesen NFC-Tag berühren	○	○	○	○	○	○

Wenn Sie an dem Gewinnspiel teilnehmen möchten, geben Sie bitte hier Ihre E-Mail-Adresse an.

E-Mail-Adresse

Vielen Dank für Ihre Teilnahme!

Für Fragen und Anregungen schreiben Sie mir bitte unter marcusbobek@gmx.at

» Umleitung auf Schlussseite von Umfrage Online